Uwe Birnstein

Johann Hinrich Wichern

Johann Hinrich Wichern
1808–1881

Uwe Birnstein

Johann Hinrich Wichern

Wie der fromme Erzieher Kinder und Kirche retten wollte

Wichern-Verlag

Der evangelische Theologe Uwe Birnstein (geboren 1962) arbeitet seit 1989 als Autor und Redakteur für Zeitschriften, Hörfunk und Fernsehen. Er veröffentlichte mehrere Bücher zu theologischen und historischen Themen. Im Wichern-Verlag gab er die Reihe „wichern porträts" heraus. Darin sind von ihm erschienen: Der Reformator. Wie Johannes Calvin Zucht und Freiheit lehrte (2. Auflage 2009); Der Humanist. Was Philipp Melanchthon Europa lehrte (2010)

Dank für die freundliche Unterstützung an das Archiv, die Öffentlichkeitsarbeit und den Vorsteher des Rauhen Hauses (www.rauheshaus.de)

Zitate von Johann Hinrich Wichern sind kursiv gesetzt und teilweise der aktuellen deutschen Rechtschreibung angepasst.

Durchgesehene Neuauflage des 2007 im Wichern-Verlag unter dem Titel „Der Erzieher. Wie Johann Hinrich Wichern Kinder und Kirche retten wollte" erschienenen Buches

Umschlag: Thomas Puschmann – fruehbeetgrafik.de, Leipzig
Satz: NagelSatz, Reutlingen
Druck und Bindung: Elbe Druckerei Wittenberg GmbH
ISBN 978-3-88981-437-1

Inhalt

Nur der kann sich der Not
in ihrer ganzen Breite entgegenstellen,
der den Mut hat zur ersten kleinen Tat.
Johann Hinrich Wichern

Vorwort

Da rüttelt ein frommer Mann aus einfachem Hause die evangelische Kirche dermaßen durch, dass die Auswirkungen noch heute zu spüren sind. Johann Hinrich Wichern las der behäbigen und selbstgenügsamen Kirche seiner Zeit die Leviten, bis sie einsah: Liebe ist nicht nur ein Wort, sondern auch Tat. Heute klingt das wie eine Binsenweisheit mit Kirchentags-Flair. Die Kirche hat, nein: sie lebt Diakonie, sie ist barmherzig zu Alten und Kranken, kümmert sich um Kinder und Jugendliche, sorgt sich um Arme und Zukurzgekommene.

Dass sie es so selbstverständlich tut, geht maßgeblich auf das leidenschaftliche Wirken Johann Hinrich Wicherns zurück. Hätte er nur Konzepte am Schreibtisch geschrieben, Sozialstudien in Auftrag gegeben und Steuergelder verteilt: Nicht halb so fruchtbar wäre sein Werk geworden. Wichern kam jedoch von der Basis, ist den steinigen Weg vom Macher zum Funktionär gegangen. Weil die Kirche sich für verwahrloste Kinder als nicht zuständig erklärte, nahm er die Sache selbst in die Hand. Ein Rettungshaus für Kinder gründete er. Mit unbändiger Energie sammelte er Sponsorengelder. Nicht Zäune, sondern Liebe sollte die Kinder dort halten, ihnen eine Heimat geben. Es wurden immer mehr Kinder – also bildete Wichern einfache Handwerker zu Diakonen aus. Das soziale Netzwerk, das er schuf, konnte von der Kirche eines Tages nicht mehr übersehen werden. Jene, die das Predigen als einzige und ureigenste Aufgabe der Kirche betrachteten, gerieten ins Hintertreffen. Die Kirche konnte sich in der Folgezeit nicht mehr auf die Gottesdienstgänger beschränken, sondern musste sich denen widmen, die Opfer der rasanten industriellen und gesellschaftlichen Umbrüche wurden: Arbeiter. Arbeitslose. Arme. Waisenkinder.

Wicherns Signale riefen statt zum letzten Gefecht zum Jüngsten Gericht. Vielleicht waren sie deshalb auf Dauer wirkungsvoller als die des Kommunistischen Manifestes, das zeitgleich den Proletariern einen anderen Ausweg aus ihrem Jammertal verhieß. Dass langfristige Reformen wirkungsvoller als kurzfristige Revolutionen sind, hat die Geschichte mittlerweile erwiesen.

Der Stachel, den Wichern einer selbstzufriedenen Christenheit ins Fleisch trieb, schmerzt bis heute und lässt den Kirchen trotz all ihrer diakonischen Aktivitäten keine Ruhe. Dabei kann ein Blick auf Wicherns Wirken ihnen Auswege aus dem Angstgeflecht von Zukunftsprognosen und Finanzfragen zeigen und sie vor frommer Nabelschau und schlechten Predigten bewahren.

Dass der Mut zur ersten kleinen Tat zwar nicht die Welt retten, aber immerhin vermeintlich Erstarrtes in unglaubliche Bewegung versetzen kann: Dafür ist das Leben des Johann Hinrich Wichern ein beeindruckendes Beispiel.

Ein Halbwaise sucht seinen Weg

Erstes Kapitel

in dem wir die Vorfahren Johann Hinrich Wicherns kennen lernen und einen blonden Jungen, dem sich Flucht, Prügel und der Tod des Vaters in die Seele brennen. Außerdem begegnet uns eine Vielzahl Soldaten unterschiedlicher Nationalität, ein ungerechter Lehrer – und dazu ein bekehrter Schuhmacher.

Gnadenlos. Wieder einmal hatte der Tod zugeschlagen. Aber warum so früh? Und warum hatte Gott nicht die flehenden Gebete des fünfzehnjährigen Johann Hinrich Wichern erhört, ihn stattdessen als vaterlosen Halbwaisen ins Leben entlassen, nicht nur ihn, sondern seine sechs Geschwister dazu? Gemeinsam mit ihrer Mutter stehen sie nun am Grab, müssen ertragen, wie der Sarg mit den sterblichen Überresten ihres Vaters und Mannes herabgelassen wird. Schwindsucht. Asche zu Asche, Staub zu Staub. Ein Spruch, der täglich zu hören ist auf dem Johannisfriedhof vor dem Dammtor Hamburgs.

Johann Hinrich trägt denselben Namen wie sein verstorbener Vater. Dessen Liebe wird in seinen Kindern weiterleben. Der Gymnasiast ahnt, dass auf ihn eine große Verantwortung zukommt. Als Ältester wird er seine Mutter im Familienmanagement unterstützen müssen. Wird Geld verdienen müssen, auch Erziehungsaufgaben für seine Geschwister übernehmen. Die Jüngste, Bertha, ist gerade mal anderthalb Jahre alt. Viel Verantwortung wird Johann Hinrich junior aufbringen müssen, viel Zeit und Energie wird ihn das kosten. So richtig wundern tut es deshalb wohl niemanden, als er in der Schule nachlässt. „Wichern kommt nicht ordentlich“, schreibt ihm der Lehrer ein halbes Jahr später ins Zeugnis, „beweist zudem nicht den emsigsten Fleiß und muss durchaus in seinen Sitten humaner werden.“

Der Tod des Vaters nagt nicht nur an den Kraftreserven, sondern auch an der Seele des Kindes. Johann Hinrich hatte seinen Vater über alle Maßen geliebt und verehrt. *Mein Vater ist wohl der einzige Mensch, der, solange er bei uns hier war, mich so erkannte als ich war*, vertraut Johann drei Jahre später seinem Tagebuch an, *ach, mein Gott, wie liebte, wie liebe ich ihn.*

Ein „heiliges Andenken" den Großeltern

„Line, Line" waren die letzten Worte des sterbenden Vaters zu seiner Frau Caroline. Und jetzt ist Johann Hinrich allein mit seiner Mutter. Er achtet sie. Doch ganz so liebevoll wie über seinen Vater äußert er sich nicht über sie. Immerhin sucht er nach entschuldigenden Erklärungen dafür, dass ihr *eine gewisse Heftigkeit anklebt.* In ihrem Elternhaus findet er Antworten. Seine Großeltern hätten sie *hart und entsetzlich streng behandelt* wurde, weiß er. Eine kleinbürgerliche Familie, in der der Mann offenkundig als Patriarch das Sagen hatte. Ist es Zufall, dass sich Mutter Caroline die in der Kindheit erfahrene Strenge später selbst aneignet?

Auch über das Leben seines verstorbenen Vaters macht sich Wichern Gedanken. Eigentlich hatte dieser im Hafen arbeiten wollen, als Küper verantwortlich sein für die Einlagerung und Verteilung der Schiffsladungen. Doch die Tuberkulose durchkreuzte seine Pläne. Während seiner kranken Tage las er viel. Mit Gelegenheitsjobs schlug er sich durch, arbeitete mal als Kutscher, mal als Fuhrmann. Doch sein Körper war zu schwach für die Belastungen. Schließlich fand er eine Anstellung als Schreiber bei einem Notar. Er lernte Sprachen, arbeitete auch als „Translator", wurde dann sogar zum vereidigten Übersetzer bestellt und stieg zum Kompagnon des Notars auf. Die Karriereleiter, die er erklimmt, war kurz, ermöglichte aber der auf neun Köpfe gewachsenen Familie ein Leben ohne allzu große Geldsorgen. Trotz seiner körperlichen Labilität verfügte Vater Wichern über eine bemerkenswerte Zähigkeit. Vielleicht hat dies mit den calvinistischen Wurzeln der Familie zu tun, dieser typischen Mischung aus Frömmigkeit und Fleiß.

Der junge Johann Hinrich zeichnet ein durch und durch positives Bild seiner Großeltern väterlicherseits. Obwohl er seinen Großvater gar nicht mehr kennen lernen konnte, überkommt ihn beim Andenken an ihn eine nicht zu beschreibende wohltuende Gemütlichkeit. Rührend phantasiert er sich das Familienleben seiner Großeltern zusammen, stellt sich vor, wie die *traute Familie am Sonntag Mittag bei der warmen Suppe, am Abend bei der Bibel zusammensitzt, während sich das Feuer auf dem Herd in zinnernen Tellern spiegelt. Heilig möge und soll mir das Andenken dieser Lieben bleiben, die mir einen guten Vater geboren hat,* schreibt er als Achtzehnjähriger in sein Tagebuch.

Tagebuch: der beste Weg, sich kennen zu lernen

Dieses Tagebuch wird die wichtigste Quelle, um das Lebensgefühl und die Gedankengänge Johann Hinrich Wicherns zu verstehen. Es gewährt Einblicke in das Seelenleben des jungen Mannes, lässt nachvollziehen, warum Glaube und Erziehung zu den Themen seines Lebens wurden. (Der Religionspsychologe Karl Girgensohn vergleicht Wicherns Tagebücher wegen ihrer Wahrhaftigkeit und Intensität später sogar mit den weltberühmten Bekenntnissen des altkirchlichen Theologen Augustin.)

September 1826 ist der erste Eintrag Wicherns datiert, später stellt er dem stillen Begleiter grundsätzliche Überlegungen voran. „Tut Buße“, überschreibt er die erste Seite und begründet vor sich selbst, weshalb er von nun an regelmäßig das Tagebuch führen will: Es *ist gewiss eines der besten Mittel, sich kennen zu lernen.* Das Tagebuchschreiben ist für ihn eine wirksame Waffe gegen den inneren Schweinehund, er benutzt ein freundlicheres Bild aus dem Tierreich, will *dem inneren freudigen und mutigen Rosse* mit Hilfe von Zügeln und Trense *Tücke und Malice* austreiben – *eine lebenslange Arbeit, und wir arbeiten immer, die Zügel besser halten zu kön-*

nen. Das Tagebuch soll ihm als Mittel der Selbsterkenntnis dienen und gleichzeitig alles ausmerzen, was Gottes Willen im Wege steht. „Cedo Nulli" („ich weiche niemandem"): Diesen Spruch Martin Luthers stellt er seinen Tagebuchaufzeichnungen voran.

Jene Dinge, die Gottes Wirken in seinem bisherigen Leben behindert haben könnten, will Wichern sich bewusst machen und aus dem Weg räumen. Hoch motiviert beginnt er, sein bisheriges Leben Revue passieren zu lassen. *Ich bin in Hamburg 1808 den 21. April geboren, von guten und lieben Eltern, die mich hegten und pflegten, so lange sie konnten; durch die Taufe ließen mich meine Eltern in Gottes Verzeichnis der Christen (d.h. der mit dem Heiligen Geist gesalbten) einschreiben. Dafür sei ihnen Dank hier und dort ewig. Amen!* Hinter der Dankbarkeit findet Wichern jedoch einen ersten Anlass zur Sorge: *Ich wurde nicht gleich nach der Geburt (drei Tage etwa) getauft, sondern einige Wochen später. Wäre ersteres nicht schöner?* Die Zeitverzögerung empfindet er offenbar als ersten, wenn auch kleinen Makel am Beginn seines christlichen Lebens.

Hamburg: frei, schutzlos – und besetzt

Warum die Eltern ihren ersten Sohn erst einige Wochen nach der Geburt zur Taufe in die Hamburger St. Michaelis-Kirche brachten, bleibt unklar. Vermutlich, weil sie andere Sorgen hatten. Die Situation der Hansestadt wurde immer angespannter, die Zukunft immer ungewisser. Mit ihrem See-Hafen und als alte Hansestadt zählte Hamburg zu den stärksten Wirtschaftszentren Europas. Das Bürgertum hatte einen beachtlichen Wohlstand erreicht, die Industrialisierung und der Handel schritten voran und verhießen glänzende Einnahmen. Die Konjunktur boomte und forderte ihren Tribut auf der anderen Seite, bei den unterbezahlten Arbeitern, die zunehmend verarmten. Hamburg, ein begehrtes Eroberungsziel mit höchster strategischer Bedeutung. 1806 marschierten französische Soldaten in die völlig schutzlose Elbmetropole ein. Die 130 000 Bewohner mussten sich zähneknirschend der Fremdmacht unterstellen, sich sogar in Napoleons Kaiserreich eingliedern lassen. Künftig konnten alle wehrfähigen Männer als Soldaten Frankreichs rekrutiert werden.

Für das Übersetzungsbüro, in dem Vater Wichern arbeitete, wird die neue Situation viele Aufträge bedeutet haben. Im Mai 1807 heiratete er seine Caroline, knapp ein Jahr später wurden die beiden ein Elternpaar. Johann Hinrich wurde geboren. Am Taufstein des Michels wurde ein Kind getauft, das später die Kirche entscheidend verändern wird.

Flucht durch klirrende Kälte

Während der ersten Lebensjahre Johann Hinrichs spitzte sich die Lage in Hamburg dramatisch zu. Innerhalb der Stadtmauern machten Aufständische den Besatzern das Leben schwer, davor warteten Russen auf einen günstigen Augenblick, um die Stadt einzunehmen. Marschall Davout forderte die Bevölkerung auf, sich für sechs Monate zu bevorraten. Wer sich dazu nicht in der Lage sah, wurde der Stadt verwiesen. Vom zweiten Weihnachtstag 1813 an verließen tausende Hamburger bei klirrender Kälte ihre Stadt.

Johann Hinrich hatte zu diesem Zeitpunkt bereits zwei Geschwister bekommen: Caroline und Wilhelmine. Zwar verfügt Vater Wichern über genügend Geld, um Proviant für das geforderte halbe Jahr einzulagern. Als aber am

4. Januar das Brot streng rationiert wird und Soldaten Privathäuser nach Brennmaterial und Betten durchsuchen, wird den Eltern Wichern die bedrohliche Lage bewusst. Überall in der Stadt brennen Häuser, Obdachlose irren durch die Straßen.

Am 8. Januar reiht sich auch Familie Wichern in den Flüchtlingsstrom ein. Ihr erstes Ziel: das nur wenige Kilometer entfernte, unter dänischer Verwaltung stehende Altona. Der Winter ist hart. Schneemassen säumen die Straßen. Die Bilder werden sich dem fast sechsjährigen Johann Hinrich in die Seele brennen: verzweifelte Menschen, Kranke, Arme. Schreiende Mütter, die ihre Kinder suchen. Unrat und Exkremente. Zerstörte Häuser. Angstgepeinigte Gesichter. Mittendrin die besorgten Eltern mit seinen kleinen Schwestern. Ganz Altona ist überfüllt. „Aber bei der Menge der grauenerregenden Bilder erquickt sich das Herz, die rührende Teilnahme zu sehen, welche die unglücklichen Vertriebenen überall fanden“, schreibt der Augenzeuge Pastor Carl Mönckeberg. Die 36 000 Altonaer zeigen beeindruckende Hilfsbereitschaft, nehmen Flüchtende in ihre Häuser auf, stellen Scheunen, Hallen, Krankenhäuser und Kirchen zur Verfügung. Mehr als 3 000 Portionen der so genannten Rumfordschen Suppe verteilen sie Tag für Tag an die aus der Nachbarstadt Geflohenen: einen wohlschmeckenden Suppen-Eintopf aus vielen Kartoffeln, Graupen und Erbsen und wenig Fleisch, der seit langem überall in Europa als billige, nahrhafte Armenspeisung dient.

Altona soll für Familie Wichern nur Durchgangsstation sein. Am nächsten Tag ziehen sie weiter. Ein Schiff bringt sie über die Elbe nach Crantz, eine gefährliche Fahrt durch die von Eisschollen bedeckte Elbe. Vater Wichern hat ein Ziel vor Augen, an dem er sich und seine Familie in Sicherheit wähnt, einen Gutshof nahe der großelterlichen Heimat bei Stade. Doch bis dahin ist der Weg weit. Russische Truppen patrouillieren auf dieser Seite der Elbe, etliche Kontrollen muss die Familie passieren. Vater Wicherns Sprachkenntnisse helfen, Vergünstigungen herauszuschlagen. Vier Monate dauert die Reise, am 11. April 1814 kommen sie endlich in dem kleinen Dorf Kuhla an, wo sie vom Gutspächter Schröder aufgenommen werden.

Die Zeit in der Fremde nutzt Vater Wichern unter anderem dadurch, seinen Sohn zu unterrichten. *In Kuhla lehrte mich mein Vater die Anfangsgründe des Schreibens; lesen konnte ich schon*, schreibt Johann Hinrich später in sein Tagebuch. Kürzer als befürchtet dauert der Aufenthalt im dörflichen Asyl. Anfang April dankt Napoleon als Kaiser ab, die Truppen räumen die ehemals besetzten Gebiete. Auch Hamburgs Bevölkerung atmet auf. Aus Altona und den umliegenden Regionen strömen die geflohenen Menschen wieder zurück in ihre Heimat. Auch die Familie Wichern. Am 1. Juni erreicht sie die Tore ihrer Heimatstadt.

Was die Wicherns vorfinden, ist eine Mischung aus Elend und Hoffnung. Johann Hinrich wird in irgendeiner Weise mitgefeiert haben am 5. Juni 1814, dem Trinitatisfest, als in allen Kirchen der Stadt für die Befreiung gedankt wird. Hamburg kann seine Geschicke wieder in die eigenen Hände nehmen.

Lektionen mit Liebe und Prügel

Für Johann Hinrich beginnt ein ganz eigener Ernst des Lebens. Eine Privatschule für Knaben aus besseren Ständen hatte der Vater für ihn ausgewählt. Tag für Tag führt ihn der Weg nun zum Schulgebäude am St. Jakobi-Kirchhof, Tag für Tag kann er verfolgen, wie aus der von den französischen Besatzungstruppen als Pferdestall genutzten Jakobi-Kirche wieder ein Gotteshaus gemacht wird. Den Schulleiter Johann Georg Ehlers, von Johann Hinrich *als gewiss der hässlichste Mann* beschrieben, ist von der Pädagogik des Schweizer Erziehers und Schulreformers Johann Heinrich Pestalozzi stark beeinflusst. Die Idee einer nicht nur methodischen, sondern auch von Liebe bestimmten Erziehung wird folglich zu seinen Grundansichten gehört haben. Gewissenhaft beobachtet er Schwächen und Stärken der Schüler. Er lobt Johann Hinrichs „liebevollen, sanften und freundlichen Sinn", wünscht sich hingegen, „dass er etwas kräftiger handeln möchte". Der Religionsunterricht habe auf Johann Hinrich „tief gewirkt, fromme Rührungen, Empfindungen, Gesinnungen und Vorsätze geweckt". Carl Mönckeberg, damaliger Mitschüler, schildert ihn als körperlich labilen blonden Jungen mit roten Wangen.

Lehrer Ehlers fordert seine Schüler auch auf, den Eltern gegenüber gehorsam und dankbar zu sein. Ergebnis dieser Erziehungsversuche ist wohl ein Brief, den Johann Hinrich 1816 seinen Eltern schreibt. In blumig-frommer Sprache bittet der Achtjährige darin seine Eltern: *Ihr wisset ja, wie leicht der Knabe wanket; vergebet mir, wenn ich aus jugendlichem Leichtsinn fehlte ... Ja, besser soll es werden, streben will ich nach Weisheit und Tugend, damit ich die Freude der Menschen und der Grund Eures Lebensglückes werde.*

Bei aller Liebe seinen Schülern gegenüber hatte Ehlers auch eine dunkle Seite – und die führt dazu, dass die Eltern Johann Hinrich im Frühjahr 1818 von der Schule nehmen. Die Gründe für die grobe Prügelstrafe, die der Pädagoge Johann Hinrich eines Tages verabreichte, bleiben unbekannt. Auf jeden Fall zerstören sie das Vertrauen auch der Eltern zur Schule nachhaltig. Und hinterlassen Spuren in der Seele des Zehnjährigen.

Johanneum: Das Tor zur Welt des Denkens

Am 8. März 1818 durchschreitet Johann Hinrich zum ersten Mal die Tür des Johanneums, eines alteingesessenen Gymnasiums, das den Schwerpunkt auf alte Sprachen legt. Lehrer Dr. Cornelius Müller, ein Bekannter von Vater Wichern, *nahm mich gleich auf seinen Schoß.* Obwohl er nach eigener Auskunft mit stupendem Fleiß des Nachts bis zwei Uhr arbeitet und *keine der gebräuchlichen Vergnügungen* mitmacht, bezichtigen die Lehrer ihn der Faulheit. Zu Unrecht, meint Johann Hinrich entrüstet, *dass ich aber nicht viel Talent habe, ist doch nicht meine Schuld, und das darf der Lehrer überhaupt nicht dem Schüler entgelten.* Der Gymnasiast leidet darunter, *dass mich, so lange ich Lehrer gehabt habe, keiner verstanden, keiner mich erkannt hat.* Lediglich einer, *Professor Calmberg hat mich recht lieb.*

Die Zeugnisse Johann Hinrichs sind durchschnittlich bis „löblich". Er „gehörte zu den nordischen Naturen", kommentiert Wichern-Biograph Martin Gerhardt, „deren geistige Entwicklung in den Knabenjahren nur langsam vorwärts geht."

Dennoch: Das Johanneum bot die besten Voraussetzungen, Kinder individuell zu fördern. Schuldirektor Johannes Gurlitt hatte mit einem zweiteiligen Schulsystem den Vorläufer einer modernen Gesamtschule kreiert. Der Unterricht in der Bürgerschule (die auch Wichern besucht) richtet sich an spätere Geschäftsleute, der am eigentlichen Gymnasium an künftige Akademiker. Statt eines starren Jahrgangsklassen-Systems wird jeder Schüler seinem Wissensstand gemäß in Fachklassen eingegliedert. So werden die Grenzen zwischen den beiden Schulabteilungen durchlässig. Während Johann Hinrich im Fach Latein nach kurzer Zeit in die fünfte Stufenklasse aufgenommen wird, fällt er in Mathematik zurück. Für einen Deutsch-Aufsatz, die

Beschreibung einer Bauernhochzeit, bekommt er das Prädikat „mustergültig".

Auch Religionsunterricht erhält Johann Hinrich am Johanneum. Die 1529 vom Luther-Intimus Johannes Bugenhagen gegründete Traditionsschule in einem alten Klostergemäuer hatte sich der humanistischen Weltsicht verschrieben. Rationalistisches Gedankengut fiel hier auf fruchtbaren Boden. Auch Direktor Johannes Gurlitt vertritt die Ansichten dieser die Vernunft auch für Glaubensfragen betonenden theologischen Bewegung. Von den teilweise heftigen Grabenkämpfen zwischen Rationalisten und erweckungsorientierten Theologen, die seit 1817 an Schärfe zunahmen, wird Johann Hinrich Wichern während seiner Zeit auf dem Johanneum wenig mitbekommen haben. Die Schulbücher im Fach Theologie sind zwar, ebenso wie die Lehrer, am rationalistischen Standpunkt orientiert; den von Haus aus fromm und bibelgläubig erzogenen Johann Hinrich hat das aber offensichtlich nicht in größere Glaubenszweifel gestürzt.

Fromme Nachbarn

Dass es unterschiedliche Spielarten der christlichen Frömmigkeit gibt, dürfte dem Vierzehnjährigen nicht entgangen sein. Nach mehreren Umzügen war Familie Wichern in die Kurze Straße gezogen. Neue Wohnungen bedeuten neue Nachbarn. In diesem Fall führte das Schicksal die Wicherns mit der Familie des Schuhmachers und Lederhändlers Oswald zusammen. Deren Glaubensleben ist geprägt durch die Frömmigkeit der Erweckungsbewegung. Vater Wichern mahnt seine Kinder zur Obacht vor dieser „Schwärmerei". *So erinnere ich mich, wie einst als töricht und Überspannung in unserer Familie die Erzählung der guten Frau*

Oswald aufgenommen wurde, die erzählt hatte, dass sie oft ihre jüngste Tochter (circa 8–9 Jahre alt) auf den Knien zu ihrem Gott beten sähen und allein in der Bibel freudig lesend. Obwohl Johann Hinrich die Mahnung seines Vaters befolgt, ist er fasziniert, als Oswald ihm später seine Bekehrungsgeschichte erzählt: Ein Schuhmacherkollege habe ihm ein Buch geschenkt, *worin er sein ganzes schwarzes Herz erkannte, „und da war Gottes Gnaden- und Strafengel über mich gekommen." Es erfüllt ihn solcher Schmerz über seinen vergangenen Wandel, sein Ich, dass er sich auf die Erde warf, in Tränen zerfloss, um nichts als um Gottes Geist bitten konnte.* Nach vielen intensiven Gebeten sei ihm Jesus erschienen, mit ihm lebe er nun in inniger Eintracht.

Johann Hinrich selbst behält seinen ihm von den Eltern eingeprägten „alten Glauben" bei. Da geht es weder um Zweifeln und Denken noch um Schwärmen und Bekehren, sondern um Bibel und Gebet. Dieses Fundament eines ebenso moralischen wie einfachen Glaubens ist so tief in Wicherns Herz verankert, dass es ein ganzes Leben trägt.

Auch, als er den Tod seines Vaters betrauert.

Seelenpein und Jugendwonnen

ZWEITES KAPITEL

das von der geheimnisvollen „M." und dem Durchbruch Johann Hinrich Wicherns zum reinen Glauben handelt, in dem aber auch teuflische Attacken und feuchte Träume nicht verschwiegen werden. Und an dessen Ende ein halbwegs gereifter Jüngling in eine Postkutsche gen Süden steigt.

Kann der Tod des eigenen Vaters eine Befreiung bedeuten? Im Falle Johann Hinrich Wicherns schon. *Jetzt erkenne ich, wie der Heimgang meines unvergesslichen Vaters mir zu großem inneren Segen geworden ist ... Hier heißt es recht: durchs Kreuz zur Freud!*, drückt er es später in bemerkenswert abgeklärter Weise aus. Zwar muss er nun neben der anstrengenden Schule Kindern Privatunterricht geben, um seine Mutter finanziell unterstützen zu können. Doch gerade dadurch kommt er mit Menschen der gehobenen Hamburger Gesellschaft in Kontakt, ohne die er wohl kaum sein Studium hätte beginnen (und später die Rettungsanstalt „Rauhes Haus" gründen) können. Senator Martin Hudtwalcker lernt er kennen, den Astronomen Johann Georg Repsold und dessen Schwager Johannes Pluns, der in Pöseldorf (dem heutigen Hamburger Stadtteil Harvestehude) eine private Erziehungsanstalt betreibt. Überzeugt von Wicherns Gewissenhaftigkeit und Glauben, stellt dieser den Siebzehnjährigen Halbwaisen als Erziehungsgehilfen ein, *durch Gottes allweise, allgütige, unbeschreibliche Fügung.*

Wichern kann sich nun seiner Leidenschaft widmen: der Erziehung junger Menschen. Die Tätigkeit nimmt ihn so sehr in Anspruch, dass er den Schulbesuch vernachlässigt; Ostern 1826 verlässt er das Johanneum und schreibt sich am Akademischen Gymnasium ein, einer Art Vorstufe zur Universität. Viele der Johanneums-Lehrer unterrichten auch hier. Anwesenheitspflicht besteht nur für wenige Stunden in der Woche.

Die ersten Erfahrungen als Erzieher führen ihn bisweilen an seine Grenzen. Er beobachtet sich selbst nicht weniger streng wie die Kinder. Mal kritisiert er sich, *weil er im Herzen bitter, voll Ironie, Kälte* gegenüber den Kindern war. Auch seinen Schwestern gegenüber verhält er sich bisweilen zu hart und bemängelt seine erzieherische Ungeduld: *Heute morgen war ich aufgebracht auf Line und Mine und tadelte sie, als sie ihre*

Arbeit zur Lektion nicht gehörig gemacht, nicht mit der rechten Liebe. Erst langsam setzt sich in ihm die Erkenntnis durch, dass der Glaube schwerlich als Erziehungsinstrument taugt. Als ein Junge namens Franz seinem Kameraden *aus unbeschreiblicher Hartherzigkeit* seinen Ball nicht leihen will, kommt Johann Hinrich hinzu: *Ich ermahnte ihn und wies ihn auf Christum, der so viel für ihn getan, und dem auch er nachfolgen sollte.* Doch der Junge bleibt unnachgiebig, sodass dem angehenden Erzieher nur ein Stoßgebet bleibt: *O Heiliger Geist, erreiche ihn. Amen.* Kritisch bewertet Wichern auch einige Erziehungsmethoden des Anstaltsleiters Pluns. Als dieser einem älteren Jungen den Besuch eines Theaters erlaubt, formuliert Wichern seine Bedenken: *Aus einem solchen Theater holt ein Knabe sich rohe Sitten,* solche *Vergnügungen passen nicht für das Knabenalter.*

Neue Dimensionen des Glaubens

Neben der Welt der Erziehungskunst öffnen sich ihm neue, ungeahnte Glaubenserfahrungen. Auch diese sieht er im Zusammenhang mit dem Tod seines Vaters, der offensichtlich seine Liebe mit enormem Erwartungsdruck verbunden hatte. *Die Ursache ist wohl, dass mein so guter Vater meine Entwicklung beschleunigen wollte. Das ging nicht und machte tot und hat den Geist ganz und gar niedergehalten.* Wichern erlebt einen Durchbruch, Gottes Geist habe begonnen, ihn *neu zu gebären. Was mich davor beschäftigt hatte, wurde alles umgestürzt, ich fing, ohne es selbst zu wissen, von vorne an.*

Im Umgang mit den ihm anvertrauten Knaben habe er *Gemütsreligion* kennen gelernt, *der Geist Gottes kam immer mehr über mich.* Der Konfirmationsunterricht bei Pastor Wolters beginnt; der Geistliche wird ihm zum vertrauten Beichtvater. Zu der Zeit habe er überhaupt erst *ein Fünkchen vom Christentum erkannt*, schreibt Wichern im September 1826 in sein Tagebuch: *Ich hielt viel Gebet, wusste aber nicht, im Geiste zum Erlöser zu beten. Eifrig und heftig sprach ich vom Christentum als von der Wahrheit, erkannte sie aber nicht*, bemängelt er. Er liest Erbauungsliteratur, am Trinitatissonntag 1826 hält er in der Hammer Kirche seine erste Predigt – ein Privileg, das den Studenten des Akademischen Gymnasiums vorbehalten ist. Er legt das Gleichnis vom ungerechten Haushalter aus (Lukas 16,1–9).

Als entscheidend für seine Glaubensreifung bezeichnet Wichern die Bekanntschaft mit dem Lauenburgischen Pastor Johannes Claudius, ein *tatsüchtiger, aber christlicher Mann, der mir wohl mehr zutraut als ich leisten kann und darf.* Der Pastor ist Sohn des Wandsbeker Schriftstellers Matthias Claudius. „Die Wahrheit richtet sich nicht nach uns, lieber Sohn, sondern wir müssen uns nach ihr richten", hatte der berühmte Vater seinem Sohn 1799 als Vermächtnis geschrieben, auch: „Bleibe der Religion deiner Väter treu und hasse die theologischen Kannengießer." Folgerichtig hängt Johannes Claudius der altgläubigen Richtung an, sympathisiert gar mit der Erweckungsbewegung. „Habe immer etwas Gutes im Sinn": Ob er diesen Ratschlag seines Vaters auch befolgt hat, als er Wichern offensichtlich für seine kirchenpolitischen Ziele einspannt, ist mehr als fraglich. *Er wiegelte mich gegen Gurlitt auf,* erkennt Wichern, der im Auftrag Claudius' Senator Hudtwalcker eine Schrift seines rationalistischen Professors Gurlitt zur Beurteilung bringt. *Meine Absicht war ziemlich rein*, betont er, dennoch: *Bei dieser Gelegenheit betete ich zum erstenmal in meinem Leben auf Knien, dass Gott alles Gehässige bei dieser Sache aus meinem Herzen treibe.* Dieses Gebet sei erhört worden, freut er sich.

Seelenpein und Schuldgefühle

Wicherns Seelenleben in dieser Zeit ist zwischen Anspruch und Wirklichkeit, Reinheit und Lust, Geist und Fleisch zerrissen. In bisweilen großer Melodramatik schildert er diesen Graben. Er bemängelt, er halte zuwenig Andacht, fleht zum „liebreichen Vater" und bezichtigt sich selbst: *Ich bin der Schuldige, klebe noch zu fest an der Erde und deren Lust und Willen!* Wilde Träume machen die hehren Vorsätze, die er sich tagsüber setzt, zunichte. Eines Abends, es ist der 1. Mai 1827, liest er vor dem Schlafen *eine kleine Stelle aus der Schrift: „Bekehret euch, auf dass ihr selig werdet" war der ungefähre Sinn. Ich wollte sie auf mich anwenden und schlief darüber ein.* Um halb fünf in der Früh wacht er auf, in Aufruhr über das, was er da eben geträumt hat: Ein Sturm habe das Haus, in dem ein Fest stattfand, zerstört. Also tanzt die Gesellschaft im Freien weiter. Auch er selbst, und zwar mit einer Frau, die um ihn warb. Er empfindet Ekel und Abscheu – und konnte doch einer *heimlichen Lust nicht wehren.* Kryptisch schreibt er in sein Tagebuch: *Es wurde irgendetwas vorgenommen, wobei ich, so träumte ich, in die größte Verlegenheit und Beschämung zu kommen fühlte.* In diesem Augenblick erwacht er, an *seinem armen Leibe die Folgen einer früheren Knabensünde bemerkend, die mich eine lange Zeit verschonten, als ich beten lernte und betete Tag und Nacht.*

Im Duktus spätpubertärer Zerrissenheit macht er die ernste Erfahrung: *Je strenger ich gegen mich selbst bin, desto liebreicher und freundlicher bin ich gegen andere; je nachsichtiger und liebloser gegen mich, desto strenger, unerbittlicher, härter und schroffer gegen alle Anderen.* Immer wieder versucht er, seine kleinen wie größeren Schwächen in den Griff zu bekommen. *Eine üble Gewohnheit habe ich in diesen Tagen abgelegt, das Abkauen meiner Nägel, wodurch ich meine Hände zum Ekel verunstaltete.* Als er zwölf Tage lang nichts in sein Tagebuch schreibt, setzt er zerknirscht an: *Mit Verdruss sehe ich die Vernachlässigung dieses Buches … Mir fehlt die Zeit, ich bin auch zu träge dazu.*

Vielleicht sind die Kopfschmerzen, die Wichern von dieser Zeit an regelmäßig sein ganzes Leben hindurch plagen, eine körperliche Reaktion auf die Zerrissenheit. Es gibt Zeiten, in denen sie ihn Tag für Tag quälen. Die schmerzfreien Phasen erlebt er wie eine Wohltat; sie bescheren ihm euphorische Momente. *Heute hat mich zuerst nach zehn oder elf Tagen mein Kopfweh wieder leidlich verlassen, ist samt dem Missmut der vorigen Wochen wie verweht. Vor Freude über meinen lieben Herrgott musste ich heute zur Stadt hineinspringen und laufen, und hätte bald laut geschrieen und mich vor Freude gewälzt, wäre es der argen Welt nicht zum Ärgernis geworden.*

Die Leiden des jungen W.

Mitten hinein in Wicherns Bemühungen um ein gottgefälliges Leben, um den rechten Umgang mit jungen Menschen und seine geistliche Reifung platzt die Liebe – nicht in Gestalt der Diakonia, sondern ganz und gar leiblich. Mathilde heißt sie, ist wunderschön und sechzehn Jahre jung. Wichern lernte sie als Tochter des Astronomen Repsold kennen, bei dem er oft eingeladen war. Die Lust hatte sich ihren Weg aus den Träumen in die Wirklichkeit gebahnt. *Heute sah ich M.! O, ich Glücklicher,* schwelgt er, *mein Blut kochte.* Wicherns Herz ist in Aufruhr. *Sie redete mich so holdselig mit ihrer jugendlichen Anmut an, dass mir die Brust wie der Hammer auf den Amboss schlug.* Ein heftiges Verliebtsein wirbelt seine Gefühlswelt durcheinander. *O große Zeit der Jünglingswonne! Die Jünglingsseele gleicht allem Vergleichbaren, dem tobenden Meer und der friedlichen Heimat, dem heiligen Schwelger und frommen Heiligen!* In Träumen reicht ihm Mathilde, die er in seinem Tagebuch nur „M.“ nennt, die Hand. *Bleiben Sie mein! Sprach ich zitternd.*

Standhaft versichert er sich und seinem Tagebuch immer wieder die Reinheit seiner Gedanken und Gefühle. Dass sie sich *einst in den Armen unseres Bräutigams in reinster Liebe lieben gewisslich*, hofft er, in Tagträumen ruft er laut, *bis alle Welt es hören darf und höret: ‚M. gehört ihrem Hinrich‘.* Dass er den *Wonnekelch* wohl nie schmecke, die Liebe unerfüllt bleibt, stürzt ihn in tiefe Traurigkeiten; andererseits wertet er seine Liebe zu M. auch für den Fall als wunderbare Weisung Gottes, würde sie seine Liebe zurückweisen.

Ob ein schlechtes Gewissen oder aber Mathildes zurückweisende Art der Grund ist, warum Wicherns Verliebtsein bemerkenswert rasch erkaltet, bleibt offen. Ebenso die Frage, wie weit die Lektüre des Goethe-Romans „Die Leiden des jungen Werther“ den Seelenhaushalt Wicherns in zusätzliche Verwirrungen stürzte.

Die Idee vom „Rettungshaus“ entsteht

Gott habe ihm den Weg ins Theologiestudium vorgezeichnet: Davon ist Wichern überzeugt, und seine väterlichen Freunde unterstützen ihn darin. Zwei Hürden gilt es zu überwinden: Ein Studium kostet Geld. Hier zahlen sich Wicherns gute Kontakte in die Hamburger Kaufmannschaft, auch zu Senator Hudtwalcker, aus. Überzeugt von der Gewissenhaftigkeit und vom nötigen Talent des jungen Mannes, beschaffen sie ihm Stipendien, mit denen er zwei Jahre als Student überleben kann. Eine andere Schwierigkeit besteht in der für eine Aufnahme an der Universität nötigen Bildung, vor allem Kenntnis der alten Sprachen Griechisch und Hebräisch. Die Arbeit als Erziehungsgehilfe raubt Wichern Zeit und Energie, um am Akademischen Gymnasium die nötigen Seminare und Kurse zu belegen. Also kündigt er seine Stelle und zieht wieder zu seiner Mutter. *Der Herr gebe seinen Segen zu diesem wichtigen Schritt,* schreibt er am Abend des 6. Oktober 1827 in sein Tagebuch. Sein Geld verdient Wichern während dieser Zeit durch Übersetzungs- und Schreibarbeiten. Dennoch: Oft reicht es nicht, und es grenzt an Wunder, dass im Moment der leersten Taschen ein Briefträger kleine Geldsummen bringt. Ähnlich geht es, glaubt man Wichern, seiner Mutter. Bewegt schildert er Situationen, in denen sie sich und ihren Kindern kein Essen kaufen kann – in denen aber edle Gönner unerwartet Geldstücke schicken.

Er stürzt sich in den Lehrbetrieb, eine Sondergenehmigung erlaubt ihm auch die Teilnahme an Kursen des Johanneums. Besonders der Philosophie gilt sein Interesse: Er studiert klassische Autoren, Horaz und Tacitus, Plato und Thukydides. Ein bemerkenswerter Kontrapunkt zu den mystisch angehauchten Erbauungsschriften, die er so sehr schätzt, etwa das „Buch des wahren Christentums" von Johann Arndt oder die „Nachfolge Christi" des mittelalterlichen Augustinermönchs Thomas von Kempen. Vielleicht will Wichern durch seine neue große Leidenschaft am Studieren den Unkenrufen trotzen, die ihn als „abscheulichen Schwärmer" denunzierten. Besonders der neue Direktor des Johanneums, der Rationalist Friedrich Karl Kraft, hört und streut solche Gerüchte über Wichern, etwa dass er *die unsinnigsten Bücher von der Bibliothek hole.* Wichern ist über diesen *trüben Graben der weibischsten Schwätzereien und hinterlistigsten Verleumdung* tief empört. Johannes Pluns setzt sich für den angehenden Theologen ein und entkräftet die Vorurteile, die Wichern schlimmstenfalls die Stipendienwürdigkeit gekostet hätte.

Seine wenige Freizeit verbringt Wichern im „christlichen Verein": eine Schar von Jünglingen, die, *wenn auch im Leben auf das verschiedenste hin verzweigt, in dem einen Punkte alle übereinstimmen: „Jesus Christus wahrer Gott und Mensch".* Maßstab für die Mitgliedschaft sind unter anderem strengste Moralität und *reges Streben nach dem Besseren, nach dem Edlen im Leben.* Bei Brot und Bier sitzen die jungen Männer an jedem Samstag ab 19 Uhr zusammen und führen innigste Gespräche.

Sein engster Förderer wird jedoch wieder ein älterer Mann, der Geschichtsprofessor und Bibliothekar Karl Friedrich August Hartmann. Oft ist Wichern bei ihm zu Gast, die Familie liefert ein zartes Bild von gediegenem Familienglück. *Man fühlt sich unbeschreiblich wohl darin.* Durch Hartmann lernt er Amalie Sieveking kennen, eine junge, couragierte und tiefgläubige Lehrerin, die aus frommen Gründen die Ehelosigkeit gelobt hatte. Auf Anraten des Pastors Johann Mutzenbecher (ein guter Bekannter Wicherns) hatte sie mehrere erbauliche Schriften veröffentlicht – eine damals ganz und gar unübliche Tätigkeit für eine Frau, noch dazu ohne theologische Examina. „Bedarf es denn durchaus eigentlich gelehrter Kenntnisse, um zu einer lebendigen Erkenntnis der Schrift zu gelangen?", fragte sie selbstbewusst ihre Kritiker. Mit all dem verfolgt sie ein Ziel, das sie sich im Alter von achtzehn Jahren gesetzt hatte: Sie will einen barmherzigen Schwesternorden gründen.

Auch erfährt Wichern bei Professor Hartmann von einem diakonischen Projekt im fernen Weimar. Dort hatte der theologisch gebildete Schriftsteller Johannes Daniel Falk ein „Rettungshaus" errichtet. Im „Lutherhof" gab er in Folge der napoleonischen Kriege heimatlos gewordenen, verwahrlosten Jungen ein neues Zuhause, erzog sie in christlichem Sinn, sang und betete mit ihnen. Neu an seinem Erziehungskonzept: Falk wandte keine Gewalt an, *die wilden Herzen wurden bezwungen und gebändigt durch Geduld und*

Liebe. All das erfährt Wichern von einem ehemaligen Zögling Falks, den Professor Hartmann einige Zeit in sein Haus aufgenommen hatte.

Die Idee eines solchen „Rettungshauses“ fasziniert Wichern: *Ist es nicht, als hörten wir Psalterklang, wenn Falk die armen Kinder rettet?* Sie wird eine der wichtigsten Triebfedern zur späteren Gründung des Rauhen Hauses. *Falls mir in einer bestimmten Zeit weder ein geistliches Amt oder die Aussicht dazu zu Teil würde,* vertraut Wichern einem Freund an, wolle er *eine längst genährte Idee eines Instituts in Ausführung* bringen.

Auch Professor Hartmann, der mit dem im Februar 1826 gestorbenen Falk in Briefkontakt stand, verfolgte die Idee einer Erziehungsanstalt. Vielleicht hätte er sie sogar in die Wirklichkeit umgesetzt – doch im April 1828 stirbt er. Hartmanns Tod trifft Wichern ins Mark. *Heute bin ich zum zweiten mal Waise geworden. Der wärmste, nächste Freund fehlt der Seele. Er war nicht Lehrer, nicht Freund allein; ja alles dies und mein zweiter Vater dazu. Unnennbares Gefühl der Leerheit, der Verlassenheit.*

Theologie-Studium, gottbefohlen

Ohne seinen verlässlichen Freund muss er sich weiter auf das bevorstehende Theologie-Studium vorbereiten. Sein Entschluss steht trotz innerer und äußerer Anfechtungen fester als zuvor. Heftige Zweifel kommen ihm, mitunter gelangte er zu der Überzeugung, ihm *fehle Lust und Gabe dazu … Ich bin zu sehr zu Extremen geneigt.* Als er einmal im Gottesdienst in der St. Georg-Kirche sitzt und einer Predigt des von ihm verehrten Pastors Johannes Rautenberg zuhört, zerreißt ihn ein innerer Disput. *Der Kampf in mir betraf das Wichtigste. Laut rief es in mir: „Der Mann da lügt, glaub ihm nicht, die Lehren von Gott dem Sohne sind Lügen“ usw., grässlich zu schreiben, und ein Schauer überläuft mich bei diesem Gedanken. Beim Ende der Predigt war es aber, Gott Lob dafür!, unterdrückt und ich sang aus voller Brust meinem Jesu ein Lob- und Danklied. Herr, führe uns nicht in Versuchung!*

Auch von außen muss sich Wichern unbequeme Fragen stellen lassen. Der von ihm hoch geschätzte Pastor Strauch erörtert offen, ob Wichern denn angesichts seiner Zensuren über genügend Talent und Fleiß verfüge: „Glauben Sie nicht, lieber Freund, dass einer nicht Christ sein könne in jeglichem Beruf, sowohl der Schulmeister als der Theologe?" Der wohlgemeinte und besorgte Rat des Pastors erschütterte Johann Hinrich in den Grundfesten. *Das ganze nämlich musste mich tief verwunden. Er gründete sich auf das Vorurteil, ich sei ein betteldummer, höchst bornierter Schafskopf.* Mit erstaunlicher Gewissheit schließt er seinen Tagebucheintrag mit den Worten: *Ich will studieren, so Gott es will und nicht, so Pastor Strauch es will. Mein Gott will es, das höre ich seit mehreren Jahren als laute, bestimmende Stimme in und außer mir.*

Am 4. Oktober folgt er der Stimme: Im Gepäck viele Stipendien und Empfehlungsschreiben seiner Lehrer und Professoren, besteigt er in Bergedorf die Postkutsche. *Der Abschied ging rasch, und der Wagen rollte fort.* Das Ziel: Göttingen, die altehrwürdige Universitätsstadt an der Leine.

Der Duft der großen Theologen-Welt

DRITTES KAPITEL

in dem sich in Johann Hinrich Wichern die Erkenntnis festigt, dass sich Glaube und theologische Wissenschaft keineswegs ausschließen. Auch gibt es Antwort auf die Frage, warum er einmal mitten im Gottesdienst die Kirche – ohne schlechtes Gewissen! – verließ. Auf seinen Reisen begegnet er dummen Bauern, geistlosen Predigern und neuen väterlichen Freunden.

Im Abteil der Postkutsche, die Wichern gen Süden bringt, hatte sich eine bunte Gesellschaft versammelt. Eine Kusine seines Freundes Franz Pehmöller *mit ihren lieben Brüdern, zwei prächtigen Knaben von zehn und zwölf Jahren*; *daneben Fräulein von Tarnow, eine gelehrte Mann-Dame, die über alles spricht und vom Christentum eine ästhetische Verehrerin zu sein scheint*; außerdem *ein langweiliger Braunschweiger, nach eigenem Bekunden ein Künstler.* Im Pferde-Tempo geht es südwärts. Die Route führt die sechs Reisenden durch *das traurige Hannoversche Land,* sie passieren Städte wie das *schmutzige, abscheuliche Uelzen, das niedliche Städtchen Gifhorn* und erreichen schließlich Braunschweig. Die Reise ist beschwerlich, es geht über holprige Chausseen, die Wichern *Arm und Bein rädern,* dann aber wieder über lange Strecken auf breiten Wegen durch schöne und grüne Landschaften.

Ein majestätischer Reiseweg durch den Harz

Nächste Station ist Wolfenbüttel; hier besucht Wichern die traditionsreiche Herzog-August-Bibliothek, ist beeindruckt von den 1700 Bibeln. Er liest Briefe Martin Luthers, bestaunt dessen handschriftliche Eintragungen in einer Bibel sowie Lucas Cranachs Luther-Bildnisse. In Wernigerode am Harz findet er Quartier beim Hofprediger Radike; hier legt er ein paar Tage Pause ein. Die letzten Kilometer hatte er sich nicht von einer Kutsche, sondern von seinen eigenen Füßen tragen lassen. Im Pfarrhaus nimmt er an der Morgenandacht teil, schreibt einen Brief an seine Mutter, deren Bildnis er bei sich trägt. Zwischen den Zeilen wird das Hin-und-Her-Gerissensein zwischen Heimweh und Aufbruch deutlich. *Vom Heimweh weiß ich noch nichts in meiner größten Einsamkeit, die mir aber immer liebe und gewünschte Freundin war. Zwar wäre ich ein Stein, wenn ich nicht gern mal in Eure und mancher anderer Familie liebende Mitte zu treten wünschte, allein darum die jetzt gegebene gute Gabe Gottes zu vergessen, wäre das nicht ein Unrecht?* Inständig bittet er die Mutter: *Betet für mich ernstlich, denn das Fleisch widerstreitet gewaltig dem Geist.* Danach liest er weiter in den Schriften des Berliner Erweckungstheologen August Neander. „Das Herz macht den Theologen aus", lautete das Motto dieses frommen Kirchengeschichtlers, den Wichern kurz vor seiner Abreise aus Hamburg im Hause des Senators Hudtwalcker kennen gelernt hatte. *Der erste Eindruck und dessen Auflösung in Liebe zu dem Mann wird mir unvergesslich sein*, schildert Wichern seine Faszination. Neander war offensichtlich ebenfalls angetan von dem frommen künftigen Theologen und hatte ihm ein Empfehlungsschreiben für den Göttinger Professor Friedrich Lücke überreicht.

Nun trägt er es in seinem Rucksack durch die beeindruckende Harzer Berglandschaft. *Wild, majestätisch! Da lernt der Mensch den Schöpfer der Erde noch wieder anders kennen!*, denkt er beim Abstieg in das Bode-Tal.

In Nordhausen gewährt ihm die Familie Blau Gastfreundschaft, Verwandte eines Hamburger Jugendfreundes Wicherns. Eine Woche lang bleibt er hier; während Gastgeber Friedrich Blau am Gymnasium unterrichtet, studiert Wichern. Nachmittags zeigt ihm der Lehrer die Gegend, erklärt, dass in Nordhausen in geistlicher Hinsicht *wenig frisches Leben ist.* Kein Wunder bei der den Eichsfelder katholischen Bauern offensichtlich anhaftenden geistigen Beschränktheit; eine Neptunstatue auf dem Nordhausener Marktplatz hätten sie als Christus angebetet, höhnt Wichern, *aber gestanden, nie einen Christus mit einer Mistgabel gesehen zu haben!* Zudem seien enthusiastische Christen unterwegs, *die süßliche Ansicht haben und mit dem Glauben Pharisäismus betreiben.* Unter den Pastoren der Stadt *allerdings sei nicht einer, der lebendig das Evangelium ergriffen hätte.*

Ein Gottesdienstbesuch bestärkt ihn in dieser Meinung. Pastor Ernst Bohne *predigte über den Satz: ‚Es ist böse Zeit', sprach über den Krieg der Türken und Russen, über die schlechte (böse) Witterung, über die Heuschrecken zu Pharaos Tagen auf eine Weise, die machte, dass ich mitten in der Predigt davonging.* Der angehende Theologe Johann Hinrich Wichern verlässt enttäuscht die Kirche, mitten im Gottesdienst.

Dafür fühlt er sich im Kreis der Familie Blau um so wohler. Abends genießt er das Familienleben, *in dem sich mir das Leben in seiner schönsten Fülle gezeigt.* Am 20. Oktober heißt es Abschied nehmen; um Mitternacht besteigt er die Postkutsche nach Göttingen. Nach elfstündiger Fahrt erblickt er die Stadt, *wo ich mich vorbereiten soll zur Aussaat, die schon hier beginnt, und deren Blüten in der Ewigkeit erst ihre schönste Vollendung erreichen.*

Ein neuer väterlicher Vertrauter

Routine in jeder Studenten-Stadt: Wichern bezieht ein Zimmer im Hause eines Fuhrunternehmers und immatrikuliert sich an der Universität. Dass er sich von allen nationalistischen Bestrebungen und geheimen Studentenbünden fernhalten werde, unterschreibt er. Der preußische Staat war vorsichtig geworden, nachdem in den Jahren zuvor Studenten für die deutsche Einheit demonstriert und für Unruhe gesorgt hatten. Die 1819 in Kraft gesetzten Karlsbader Beschlüsse verpflichteten die Universitäten, liberale oder gar revolutionäre Bestrebungen im Keim zu ersticken. Johann Hinrich Wichern wird von dieser jüngsten Geschichte Deutschlands gehört haben; vielleicht schon in den Hamburger angesehenen Haushalten, bei denen er regelmäßig zu Tisch saß, sicherlich bei Begegnungen mit Hallenser Studenten, die er im Harz getroffen hatte. Nichts liegt dem frommen jungen Mann aus Hamburg ferner als Politik oder gar Aufruhr. Die Unterschrift kann er also mit reinstem Gewissen leisten.

Sein Zimmer, das ihm für drei Semester zum Zuhause werden soll, richtet er sich heimisch ein. Er mietet sich ein Klavier; darüber hängt er das Bild seiner Mutter. *Wenn ich nun an meinem Arbeitstisch sitze und aufsehe, sehe ich Dir immer gerade unter die Augen, und es ist mir, wie wenn Du am Sonntag Nachmittag mit allen Arbeiten fertig bist und dann mit der neuen, von Mine gestickten Mütze Dich zu uns setztest und in Liebe und Freundlichkeit so die Woche unter den Deinen schlossest,* schreibt er seiner Mutter.

Väterliche Nähe findet Wichern auch in Göttingen rasch. Zwei Tage nach seiner Ankunft sucht er den Theologieprofessor Friedrich Lücke auf – und erlebt eine ähnliche Zuneigung wie zu seinen älteren Gönnern in Hamburg. *Er ist ein Mann, zu dem man schon beim ersten Zusammentreffen eine Liebe fasst, die einen an ihn fesselt und ihm so vertraut macht, dass das Weggehen schwer wird.* Überschwängliche Verehrung lässt er dem angesehenen Theologen angedeihen: *Jedes Wort von ihm möchte man als einen Schatz aufbewahren. Was aber noch mehr ist: seine Liebe, womit er alles umfasst und die sich in keinem Stücke verbergen kann, ist gegründet auf das Bewusstsein und die Überzeugung von Gottes Liebe zu uns, und daher ist sein ganzes Wesen von einer Wärme, Lebendigkeit und Kraft durchdrungen, die auch den, welcher mit ihm lebt, ergreifen und für die Wahrheit beseelen muss.*

Der Mann, den Wichern quasi in den Himmel lobt, hatte seinen Weg als so genannter Vermittlungstheologe gesucht. Glaube und Wissen, Bibel und Vernunft schließen sich seiner Meinung nach nicht aus. Selbst von der pietistischen Herrnhuter Frömmigkeit geprägt, verbindet Lücke persönlichen Glauben und kritisch-wissenschaftliches Arbeiten. Wahrscheinlich ist es diese theologische

Existenz zwischen den Fronten, die Wichern unbewusst fasziniert. Auch er steht im persönlichen Glauben der Erweckungsbewegung nahe; auch er sieht das denkende Durchdringen von Glaube und Bibel nicht als Glaubensgefährdung, sondern als sinnvolle Verstehens-Methode. Begierig saugt Wichern Lückes Vorlesungen über die neutestamentlichen Schriften auf.

Viel Arbeit, wenig Vergnügen

Wicherns Tagesablauf ist streng. Um sechs Uhr steht er auf, bis acht liest er im Alten Testament – *im hebräischen Urtext, was mir Gott sei dank immer leichter fällt.* Nach der ersten Vorlesung und Latein-Übersetzungen mit seinem Freund Huther gibt es um 12 Uhr Mittagessen. Nachmittags folgt der Besuch weiterer Vorlesungen, danach isst er mit Kommilitonen ein Abendessen *nach Hamburger Weise*, schließlich lesen sie gemeinsam biblische und andere Schriften in den alten Sprachen. Für private Unternehmungen ist wenig Zeit. *Nur Sonntagabend wird mit den Freunden bei dem einen oder andern durch Gespräche hingebracht.* Die Freuden, die Wichern erlebt, beschränken sich auf theologische Erkenntnisse. Vergnügungen geht er aus dem Weg. Während andere Studenten in der Silvesternacht Radau machen, bleibt er alleine zuhause. In der knappen Freizeit verdient er sich durch Privatunterricht ein paar Mark dazu. Auch übernimmt er am zweiten Weihnachtstag 1829 Predigten in den Kirchen der Dörfer Niedernjesa und Stockhausen. Es ist „ein beachtliches Zeugnis für Fleiß und streng geübte Selbstzucht, dass Wichern in beiden Dörfern für die an einem Tage liegenden Gottesdienste eine verschiedene Predigt hielt“, kommentiert Biograph Martin Gerhardt.

Göttinger Gottesdienste besucht Wichern immer seltener. Nicht etwa, um auszuschlafen. Sondern weil die dortigen Gottesdienste den Glauben seiner Meinung nach nicht angemessen zum Ausdruck bringen. *Nur ein einziger Mann, der zweite Universitätsprediger Professor Hemsen, predigt das, was man in einem Gotteshause zu hören wünscht. Aber sein Äußeres und seine Darstellung ist eine so ganz andere und er würzt die Speise so ganz anders, als wir in Hamburg gewohnt waren, dass man auch dahin nicht immer geht.* Konsequenterweise zimmert er sich ein Alternativprogramm für den Sonntagvormittag. Er liest Schriften der alten Kirchenväter, *die mit göttlicher Gewalt vor 1400 Jahren das Evangelium verkündigten, und die noch jeder anstaunen muss, der sie liest.*

Theologische Grundsteine

Die Vorlesungen, die Wichern in Göttingen hört, legen das theologische Fundament, auf dem später seine soziale Arbeit fußt. Die kritische Bibelwissenschaft – von Erweckungstheologen teilweise schärfstens bekämpft und als Teufelswerk diffamiert – wird für Wichern zur Grundlage für ein angemessenes Verständnis der Schrift. Durch die vielen unterschiedlichen literarischen Formen der Bibel hindurch sucht Wichern den Kern des Inhalts, will *jedes Mal auf den innersten und tiefsten Punkt des Evangeliums zurückgehen.* Die redliche Unterscheidung von Form und Inhalt führt ihn zu der Erkenntnis, *dass das Evangelium nicht eine Form will, sondern Verklärung der Eigentümlichkeit eines jeden.* Somit verhindert die ernsthafte Exegese jede radikale Version des Glaubens, sei sie enthusiastischer oder rationalistischer Couleur. Steht Christus im Zentrum, werden die Formen der Frömmigkeit oder des Glaubenslebens zweitrangig, können erst recht nicht zur Begründung von theologischen Grabenkämpfen herhalten.

An diese exegetische Erkenntnis knüpfen die ethischen Erwägungen Professor Friedrich Lückes an. So wie Christus Mitte des Glaubens ist, stellt Lücke die tätige Liebe ins Zentrum des Reiches Gottes, der „Gemeinschaft der Kinder Gottes, sofern sie für die Erlösung von Sünde und Übel empfänglich und derselben teilhaftig sind". Gestelzt klingt Lückes Beschreibung des Reiches Gottes als „die organische Gesamtheit aller sittlichen Güter oder Seligkeit der Menschheit, eben insofern das Heil in der Menschheit Wert und Darstellung aller durch die Wiedergeburt geborenen und durch die Heiligung sich vollendenden Tugend und Pflichterfüllung ist". Praktisch ins Leben übersetzt Wichern später diese Ansicht: Wenn Kinder – oder auch Straftäter – zurück zur Sittlichkeit und zum Glauben kehren, wird dies das Reich Gottes fördern. Für den jungen Theologen eine lohnenswerte Lebensaufgabe.

Dass sie in der realen Kirchlichkeit seiner Zeit nur schwer durchzusetzen ist, dämmert Wichern schon seit Hamburger Tagen. Gegenüber seinem dortigen Freund, dem Diakon Johann John, beklagt er in einem Brief die Grabenkämpfe innerhalb der evangelischen Theologenschaft. In einem Antwortbrief stimmt John ihm zu: „Es verdrießt mich, dass so viele tüchtige Kräfte, die am Reiche Gottes bauen könnten, in dieser Sisyphusarbeit sich vergeblich verzehren." „Verbinden Sie sich mit Freunden, die fromm sind und frei bleiben wollen!" rät John ihm und bittet: „Helfen Sie, das Christentum wieder unter den Tausenden zu Ehren zu bringen, die es verwerfen, weil sie eine ganz falsche Vorstellung davon haben, die sich in düstere scholastisch-mönchische Formeln nicht fügen wollen, aber den lebendigen Christus der Bibel gern anbeten würden, wenn man ihnen ihn in seiner eigentümlichen Herrlichkeit bezeugte."

Reiseziel Berlin

In Berlin, der Hauptstadt Preußens, will Wichern diesem Wunsch nachgehen. Die Aussicht, bei den berühmten Theologen Schleiermacher und Neander studieren zu können, erleichtert ihm den Abschied von der beschaulichen Universitätsstadt an der Leine. Am 21. März 1830 geleiten Freunde Wichern zur Kutsche, die ihn über Heiligenstadt zunächst nach Nordhausen bringt. In einem Brief an seine Mutter resümiert er: *Eins habe ich hier mehr und mehr erkannt, nämlich nur im innersten Grunde des Herzens im Glauben das Heil erfasst und dann mutig durch die Welt hindurch, sei es Wissenschaft oder Leben, stets mit der Waffe der Liebe gerüstet! Denn durch die Liebe in Christo, das heißt im Glauben an Ihn, wird die Gemeinschaft mit dem Guten inniger und der Tod und das Böse muss immer mehr dem Leben weichen.*

Nach vier Tagen in Nordhausen reist er weiter. Bei einem Zwischenstopp in Halle am 27. März sieht er mit eigenen Augen, wie der pietistische Theologe August Hermann Francke die Nächstenliebe auf seine Weise in die Tat umgesetzt hatte: 1689 hatte der bekehrte Mann ein Waisenhaus und eine Armenschule gegründet. Im Laufe der Jahrzehnte war daraus eine große Schulstadt entstanden, angegliedert mehrere Erziehungsanstalten mit Werkstätten, außerdem eine Bibel- und eine Missionsanstalt. Die „Franckeschen Stiftungen“ gehören schon zu Wicherns Zeiten zu einer der größten diakonischen Institutionen Deutschlands. Strenge und Disziplin sind die Tugenden, mit denen die dortigen Erzieher die „verwahrlosten Kinder“ in die Gesellschaft eingliedern wollen.

Wichern ist angetan von dem Werk, *es macht für den, der weiß, was er am Halleschen Waisenhause sieht, einen ebenso stärkenden als erhebenden Eindruck.* In Wittenberg, einer der Wirkungsstätten Martin Luthers, findet er auf der Durchreise nur kurz Zeit, es geht rasch weiter nach Berlin. Schon am 31. März 1831, zwei Tage nach seiner Ankunft, immatrikuliert er sich an jener Universität, die zu den geachtetsten akademischen Lehranstalten gehört. Ihr Rektor ist der berühmte protestantische Philosoph Georg Wilhelm Friedrich Hegel.

Fromme Koryphäen

Nicht ihn, sondern den Kirchengeschichtlicher August Neander erwählt Wichern sich hier zum väterlichen Freund. Bei ihm, den er in Hamburg kurz kennen gelernt hatte, ist er regelmäßiger Gast. *Jedes Mal wird er mir teurer,* schwärmt Wichern schon nach kurzer Zeit in Berlin, als *kindlich mild und von herzlicher Liebe überströmend* schildert er ihn, *es ist, wie wenn man mit der Mutter oder mit dem liebsten leiblichen Bruder spräche.* Nicht nur Neanders Erscheinung, auch dessen Lehre fasziniert Wichern. Seine Deutung der Kirchengeschichte überzeugt ihn sehr viel mehr als Hegels Spekulationen über einen „Weltgeist“. Neander geht es um den in den biblischen Schriften überlieferten Geist, der sich auch in Christus offenbart habe. Folglich versucht er, „die Geschichte darzustellen als einen sprechenden Erweis von der göttlichen Kraft des Christentums“.

In einzelnen Personen der Kirchengeschichte meint Neander, die göttliche Kraft zu entdecken. Aufgabe der Kirchengeschichte sei es, „das Mannigfaltige wie das Eine in der Entwicklung des christlichen Lebens“ aufzudecken.

Dieser Ansatz imponiert Wichern. Auch ihm liegt mehr daran, die göttliche Liebe zu entdecken als eine sachlich-historische Kirchengeschichte zu studieren oder systematisch über Gott zu reflektieren. Was der Glaube mit dem

Einzelnen macht, welche Folgen er für die Gesellschaft hat, interessiert ihn.

Bei Neander lernt Wichern außerdem, dass der Glaube nicht davor gefeit ist, zum Deckmantel politischer Interessen zu werden. Schaukampfplatz für diese Lehre ist ein Streit um die evangelische Kirchenzeitung. Berliner Adelskreise versuchten, dieses Blatt für einen Angriff auf rationalistische Theologen zu funktionalisieren. Neander ist empört. Dass sich politische Kräfte dermaßen in theologische Auseinandersetzungen einmischen, steht konträr zu seiner Auffassung. Die Politik habe zu achten, dass die Religion „heiliges Gebiet" sei, wettert Neander. Die Kirche dürfe sich andererseits nicht zu Handlangern staatlicher Interessen machen, sondern habe die Gesellschaft mit dem christlichen Geist zu durchdringen.

Ein weiterer populärer Wissenschaftler wird Wichern zum prägenden Vorbild. *Das Christentum als etwas Gegebenes muss einen Anknüpfungspunkt in dem menschlichen Wesen finden*, lautet eine Erkenntnis des Studenten Wichern, *und dieses ist das absolute Bewusstsein des abhängigen Verhältnisses zu Gott und dem Streben nach Erkenntnis Seiner.* „Abhängigkeit" gehört zu den Schlüsselbegriffen der Theologie Friedrich Daniel Schleiermachers. In frommer wie theologisch durchdachter Weise versuchte dieser, den „Gebildeten unter den Verächtern" der christlichen Religion den Glauben schmackhaft zu machen. Vernunft und Glaube seien keineswegs Gegensätze, behauptete Schleiermacher; Rückgrat der Religion sei nicht Dogmatik, sondern das „Gefühl der schlechthinnigen Abhängigkeit". Indem Schleiermacher den Glauben auf die Ebene der Erfahrung verlagert, kann er gleichzeitig fromm und wissenschaftlich arbeiten.

Ein alter Erweckter

Dieses Gefühl der Abhängigkeit treibt Wichern zu einem Besuch bei einem der bekanntesten Erweckungsprediger Berlins. Der ebenso schlichte wie charismatisch-fromme Baron Ernst von Kottwitz hatte am Alexanderplatz eine „freiwillige Beschäftigungsanstalt" für Arbeitslose aufgebaut. Aus eigenen Stücken und mit eigenen Mitteln kümmerte er sich in einer alten Kaserne auch um Arme und Gebrechliche. Als Wichern den Dreiundsiebzigjährigen gemeinsam mit einem Freund besucht, wird er von seinen Gefühlen übermannt. Seine Verehrung sprengt den Rahmen der bisherigen Faszination väterlicher Gestalten und nimmt geradezu religiöse Züge an. *Er ist wie ein johanneischer Evangelist,* rühmt Wichern den alten Prediger und betet ihn gleichsam an: *O du unvergleichlicher Mann, so demütig, dass du mich beschämst mit jedem Wort, so reich im Himmel, so voll Freude, deren heilige Schauer man durchbeben sieht! Mein Heiland, mein einziger Trost, ach lass mich auch so werden, so ergeben und dir geweiht!* Mehrmals trifft Wichern den Baron Kottwitz; auch über ein Rettungshaus für Jugendliche spricht er mit ihm.

Trotz der hehren Gedanken und Vorsätze lassen Wicherns Tagebücher erahnen, dass er sich in Berlin mehr weltliche Freuden gönnt als in Göttingen. Mit seinen Kommilitonen verbringt er gelegentlich fröhliche Abende beim Schoppen Rheinwein. *Zur Begleitung des Fortepiano sangen wir Luthers Helden- und Triumphlied: Ein feste Burg – und dann gingen die anderen Gespräche und anderen Lieder, die zum schönen Wein gut klingen und fröhlich machen, weiter fort bis gegen zwölfeinhalb Uhr.* Seiner Mutter gegenüber beteuert er, dass sich die Freude selbstverständlich *nur in Fried' und Sittsamkeit* geäußert habe. Immerhin: statt am Kater zu leiden ist er am nächsten Morgen frei von Kopfschmerzen, die ihn sonst regelmäßig plagen.

Als *die beste Stadt nach unserem Hamburg* rühmt Wichern Mitte 1831 vor seiner Abreise die preußische Metropole. Viele Erkenntnisse hat er im Gepäck. Dass auch die Koryphäen der Theologie der Überzeugung sind, Glaube und tätige Liebe gehörten untrennbar zusammen; dass es mit der Kraft des Glaubens gelingen kann, große Hilfswerke zu errichten; und dass ihn in Hamburg etwas Großes erwartet.

Von einem, der auszog, die Armut kennen zu lernen

Viertes Kapitel

in dem wir den studierten Theologen Johann Hinrich Wichern inmitten Armut, Dreck und Kot wiederfinden und staunend beobachten, mit wie viel Leidenschaft er sich Wege erdenkt, Menschen aus diesem Elend zu retten. Während sich die Hamburger Schriftgelehrten über den rechten Glauben ereifern, verfolgt Wichern unbeirrt sein Ziel: ein Rettungshaus für Kinder.

Die Angst geht um in Hamburg, als Johann Hinrich Wichern im August 1831 nach Beendigung des Studiums seine Heimatstadt Hamburg erreicht, und sie hat einen Namen: Cholera. Die Seuche hatte ein Schneise geschlagen auf ihrem Weg aus den Tiefen Russlands und im Sommer 1831 Berlin in Panik gestürzt. Tausende Menschen fallen ihr zum Opfer, unter ihnen Wicherns Universitätsrektor Hegel. Mutter Wichern ist froh, dass ihr ältester Sohn in diesen schweren Zeiten wieder in Hamburg ist. Im Oktober erkranken die ersten Hamburger, in den folgenden drei Monaten wütet die Epidemie in der Elbmetropole. An die 3 500 Menschen erkranken, die Hälfte von ihnen stirbt. Die Familie Wichern bleibt verschont.

Johann Hinrich Wichern zieht sich in seine Studierstube zurück. Er will sich auf das Theologische Examen vorbereiten, die Voraussetzung zum Pastorenberuf. Nebenher erteilt er wieder Privatunterricht. Und widmet sich seinen Geschwistern, besonders seiner Schwester Caroline. Sie leidet unter Tuberkulose, derselben Krankheit, an der ihr Vater gestorben war. Die Schwindsucht ist schon weit fortgeschritten. „Gib dich zufrieden und sei stille / in dem Gotte deines Lebens“, betet Johann Hinrich mit ihr, „in ihm ruht aller Freuden Fülle / ohn’ ihn mühst du dich vergebens.“ Dieses und andere Sterbelieder Paul Gerhardts begleiten Caroline in den Tod.

Schlichte Theologie

Knapp zwei Monate später, am 6. April 1832, legt Wichern sein Examen ab. In seiner Prüfungsarbeit hatte er die Frage beantworten müssen, ob das Abendmahl denn mehr sei als bloß ein Gedächtnismahl an Christi Tod. In lateinischer Sprache erörterte er solide die Frage und begründete, warum das Verständnis der lutherischen Bekenntnisschriften gelte: Das Abendmahl sei ein Sakrament; als solches bewirke es die Vergebung der Sünden. Auch in seiner Examenspredigt vertrat Wichern eine durch und durch konventionelle lutherische Theologie. Die Prüfungskommission, das hauptsächlich aus Hamburger Hauptpastoren bestehende „Geistliche Ministerium“, verleiht Wichern das Prädikat „gut“. Von nun darf er den Titel „Kandidat der Theologie“ führen und predigen.

Mit der Prüfung sei die religiöse Entwicklung Wicherns abgeschlossen, kommentiert der kenntnisreiche Wichern-Biograph Martin Gerhardt unerwartet lakonisch. Neben der Ehrerbietung, die in dessen dreibändigem „Lebensbild“ Wicherns zu Tage tritt, wirken seine Worte über dessen theologische Kompetenz geradezu rüde. Die Examensarbeit habe „wenig gelehrtes Anmerkungsmaterial“ enthalten. Seine „schlichte biblische Theologie“ halte sich „frei von jeglicher Spekulation“ und kleide lediglich „die unmittelbar aus der Schrift geschöpften Gedanken in Worte“. Höfliche Umschreibungen, um zu verdeutlichen: Theologie, also die wissenschaftlich verantwortbare Form, den Glauben zu reflektieren und die Bibel aus einer gewissen Distanz zu ergründen, gehört zeitlebens nicht zu Wicherns Stärken. Es scheint, als habe er sich bei den großen Lehrern Lücke, Schleiermacher und Neander lediglich eine Bestätigung dafür abgeholt, dass Gefühl und Glaube sehr wohl Maßstäbe in der theologischen Debatte sein können. Dies befreit ihn vor Dogmatismus und Spekulation. Wichern erweist sich als wenig origineller, dafür robuster Wiederkäuer der lutherischen Bekenntnisschriften. Die Fragen, die die Aufklärung der Theologie stellte, fühlt er sich noch nicht einmal bemüßigt, zu widerlegen. Die rationalistischen Theologen, die in Hamburg wie anderswo mit Wohlwollen den Glauben auf den Prüfstand wissenschaftlicher Überprüfbarkeit stellen (und dabei oft übers Ziel hinaus schießen), nimmt Wichern nicht ernst. Er ist ein Mann der Praxis, nicht der Theologie. Das elementare Handwerkszeug, um in Gesprächen mit Theologen standhalten zu können, hat er sich mühsam erworben; der Titel „Kandidat der Theologie“ sichert ihm den Status und die Würde eines Geistlichen.

Der Streit, der die Hamburgische Kirche zu zerreißen droht, scheint ihn nicht sonderlich zu interessieren. Er weiß, auf welcher Seite er steht: Auf der Seite all jener, denen der vermeintlich unverfälschte Glaube wichtiger ist als das Denken: den Altgläubigen. Aber auch jener, die der Erweckungsfrömmigkeit nahe stehen, dem süddeutschen Pietismus sowie englischen oder amerikanischen christlichen Strömungen. Hier schlägt Wicherns Christenherz, das die Theologie lediglich als notwendige Durchgangsphase betrachtet, die mit einigem Fleiß zu bewältigen ist.

Streit um den Glauben

Kein Wunder also, dass der frisch examinierte Wichern sich gleich nach seiner Prüfung mit Pastor Johann Wilhelm Rautenberg zusammenfindet. Seit zwölf Jahren bekleidet dieser „erweckte“ Theologe schon das Amt des Pastors der Kirchengemeinde St. Georg, einer Filialgemeinde der Hauptkirche St. Jakobi. Rautenberg nimmt kein Blatt vor den Mund, geht es um die Widerlegung der Rationalisten. Deren Lehre sei „Unsinn und Wahn, ja eine Botschaft der höllischen Finsternis“. Für „schwache Gemüter“ bedeute die rationalistische Lehre voll „entsetzlicher Flachheit und Verworrenheit“ große Gefahr; ihnen „das Maul zu stopfen“ sei das Gebot der Stunde. Mit derselben Derbheit, mit der

Martin Luther einst gegen die „Papisten“ wetterte, gingen die Erweckungsprediger gegen ihre rationalistischen Amtsbrüder vor (die freilich derselben Konfession anhingen). Die wiederum wehrten sich mit nicht minder festen Bandagen: Die Lehre der Altgläubigen und Erweckten führe „in die alte Finsternis, aus welcher uns das Licht der Aufklärung so schön herausgeleuchtet hat“.

Wichern hat kein Interesse, an diesem Kampf aktiv teilzunehmen, ihm geht es nicht um die Feststellung der Rechtgläubigkeit. Dass der wahre Glaube von den Erweckten vertreten werde, ist ihm sowieso klar. Ihm geht es um die Verwirklichung seines Lebenszieles, seiner Berufung: Er will Menschen zu Gott bringen. Mehr noch: Er will jene Menschen zurück zum Glauben führen, die sich von der Kirche abgewendet haben. Womöglich ist ihm der theologische Streit völlig unbedeutend angesichts der großen Herausforderung, die die ständig zunehmende Zahl armer und verwahrloster Menschen für die Kirche bedeutet. Rationalisten auf den Pfad des rechten Glaubens zu bringen ist ihm weniger wichtig als die Armen aus ihrer Situation zu retten. Denn eins ist ihm klar: *Die Hauptursache der Armut in unserer Stadt ist das immer zunehmende Sittenverderben des Volks, das einzig und allein aus der herrschenden Irreligiosität, der Verachtung und Verspottung des wahren Christentums und dem gottlosen Unglauben entsteht. Die ärmere Menschenmenge* bedarf vor allem *der kräftigen Stütze der Religion, um ihr Geschick mit Ergebung zu tragen.* Für Wichern ist der Weg, die Armen zu retten, klar vorgezeichnet: Wird ihnen der Glaube mit den sittlichen Geboten vermittelt, werden sie ihren Unterhalt wieder selbst verdienen können. Die Arbeit wiederum wehrt dem Müßiggang, und Müßiggang ist aller Laster Anfang. In Pastor Rautenberg erkennt er einen Verbündeten für diese Rettungsaktion.

Rautenberg deutet die Zeichen der Zeit ähnlich wie Wichern. Sein Wirken hatte bereits sichtbare Früchte getragen. Bildung könne die Kinder armer Familien aus ihrem Elend befreien, davon war Rautenberg überzeugt. Zwar bemühte sich die Hamburger Armenanstalt in ihrer Schule auch darum, Kindern ein Mindestmaß an Schreiben, Lesen und Rechnen beizubringen. Doch lag der Unterricht wochentags und konnte von vielen nicht besucht werden, da sie arbeiten mussten. Diese Lücke wollte Rautenberg mit einer so genannten Sonntagsschule füllen: Kinder sollten hier eine schulische Grundbildung erhalten, aber auch „die Erkenntnis Gottes und ihres Heilandes". Bibel und Katechismus dienten als Lehrbücher. Im Januar 1825 hatte Rautenberg mit Mitstreitern – unter anderem Johann Gerhard Oncken, der später die erste baptistische Gemeinde Deutschlands gründete – die ersten 60 Kinder aus armen Familien aufgenommen. Sämtliche Lehrer arbeiten ehrenamtlich, viele Förderer ermöglichen die Finanzierung der anfallenden Kosten.

Es verwundert nicht, dass der Schulbetrieb den erbitterten Widerstand der Rationalisten anfachte, die in ihr eine „verfluchte Einrichtung" von „Mystikern und Kopfhängern" sehen. Der Streit schwelt noch, als Rautenberg 1832 Johann Hinrich Wichern zum Oberlehrer beruft. Endlich hat Wichern Gelegenheit, seine mittlerweile reiche pädagogische Erfahrung professionell umzusetzen. Selbstbewusst strukturiert er den Lehrbetrieb um, bildet Schulklassen, ordnet den Lehrstoff und entwickelt Prüfungen. Um jedem einzelnen Kind gerecht zu werden, beruft er monatliche Lehrerkonferenzen ein.

In den Familien liege die Wurzel für die Verwahrlosung, dessen sind sich Rautenberg und sein Team sicher. Es genüge also nicht, die Kinder in die Sonntagsschule einzuladen und dort zu unterrichten. Die Lehrenden müssten auch in die Elternhäuser der Kinder gehen, um deren Situation zu verstehen und – wenn möglich – zu helfen.

Christen in England und in den USA hatten bereits Besuchsdienste ins Leben gerufen, die diese Aufgabe wahrnahmen. Sie galten Rautenberg als Vorbild, als er 1832 einen Besuchsverein gründete. „Was hindert uns, Missionare zu werden für das mehr als heidnische Elend in unsern Mauern?“, fragte Rautenberg in seinem Jahresbericht für die Sonntagsschule, „was hindert uns, hineinzugehen in die Hütten des Unheils, an welche wir hier gedenken, den Jammer mit eigenen Augen sehen und die armen Leute zu bitten und zu ermahnen, dass sie sich selbst, dass sie mindestens doch ihre unglücklichen Kinder retten lassen aus den Stricken des Todes?“

Solche Worte treffen Wicherns Anliegen. Auch er ist überzeugt, dass die Kenntnis der Lebensumstände der Kinder unerlässliche Voraussetzung für eine wirksame Hilfe ist. Er scheut sich nicht, selbst in die ärmsten Stadtteile Hamburgs zu gehen. Was er dort an materieller, sozialer und geistlicher Armut erlebt, berührt sein Herz.

Hamburgs Arme

Ich bitte, mir im Geiste in diese Wohnungen zu folgen. In der Tür gerade an wohnt eine Frau, die als Kind mit Mutter und Geschwistern bei Nacht von dem trunkfälligen Vater auf die Straße getrieben zu werden pflegte. Als die Eltern gestorben waren, verehelichte sie sich und wurde Mutter von einem Sohne, der jetzt, etwa 17 Jahre alt, tagaus, tagein Lumpen und Knochen sammelt. Nach dem Tode des ersten Mannes trat die Frau in eine wilde Ehe mit einem andern Manne. Die Bilder, die er sieht, die Lebensgeschichten, die er hört, notiert Wichern detailliert in einem Besuchsbericht-Heft. Eindrücklich belegen diese Notizen Wicherns Fassungslosigkeit angesichts der Zustände, die er antrifft. *Entsetzlich arme Mütter* trifft er, die neben ihren eigenen Kindern noch für ein wenig Geld andere Kinder an die Brust nehmen. Familien, *die hungrig und frierend zu Bett* gehen müssen. Trunksüchtige Väter, die ihren Kindern *fürchterliche Prügel* verabreichen und sie missbrauchen. Kinder, die von ihren Eltern zum Betteln oder zum Klauen geschickt werden. Familienmütter, die sich prostituieren. Auf engstem Raum lebende Fischfrauen und Lumpensammler, Zimmer, in denen *alles voll Schmutz und Kot* ist. Dazu furchtbare Ehebrecherei, lügende Kinder und Erwachsene, kranke und geistig verwirrte Menschen. Der frisch examinierte Theologe ist bestürzt. Mag es alles richtig und gut sein, was da Sonntag für Sonntag in den Kirchen Hamburgs gepredigt wird – an diesen Orten der Armut sind Kirche und Glaube jedoch nicht anzutreffen.

In einigen Fällen verlässt Wichern die Position des Beobachters. Der Schlichtheit seines Glaubens entspricht es, dass er mit Hilfe biblischer Geschichten Menschen zur Einsicht bringen will. Einem ehebrüchigen unverheirateten Paar, die Frau ist schwanger, erzählt er zur Belehrung die Geschichte des biblischen Königs David, der die hübsche Bathseba ihrem Ehemann abgeluchst hat; obwohl David später die sündige Tat bereute, ließ Gott den ersten Sohn des Paares sterben. Wicherns Worte zeigen Wirkung. *Das hochschwangere Mädchen lief davon – entsetzlich bis in die Erde sich hineinschämend.* Der Mann *sprang in voller Wut auf, sich so etwas gefallen lassen zu müssen, stampfte fürchterlich – ich blieb ruhig auf dem Stuhl sitzen und sagte ihm nur, dass er nicht mich, sondern den Herrn lästere.* Bei einem zweiten Besuch, eine Woche später, hat die Frau schon entbunden. *Das Kind lag in dem schmutzigen Bette, das ganz mit Lumpen beworfen war; es ist drei Wochen zu früh geboren und von der jämmerlichsten Gestalt, wird auch schwerlich am Leben bleiben.* Als Wichern das sterbenskranke Kind sieht, fühlt er sich und Gottes Wort bestätigt. *Es machte um so größeren Eindruck, da die Geschichte mit der Bathseba, die sie selbst auf sich anwenden mochten, ihnen dies schon vorgehalten hatte.* Wenige Tage später bekundet der ehebrüchige Mann ihm *wirkliche Reue und Betrübnis über die Sünde, denn als solche erkennt er sein Tun.* Wichern freut sich über den Erfolg dieser Mission.

Eine Rede mit Folgen

Die Erlebnisse und Lehren seiner Ausflüge in *Hamburgs wahres und geheimes Volksleben* will Wichern in die Öffentlichkeit tragen. Das Elend muss beendet werden – nicht nur um der Betroffenen, sondern auch um des Volkes willen. Denn die Kriminalität und Verderbtheit strahlt in die Gemeinschaft aus.

Das Konzept der Sonntagsschulen überzeugt viele Hamburger. Als am 25. Februar 1833 die mittlerweile zwei Hamburger Sonntagsschulvereine zu ihrer Jahreshauptversammlung einladen, kommen weit mehr als 1 000 Menschen in den Tanzsaal des Schneideramthauses. Das Schlusswort ist dem Oberlehrer und Kandidaten der Theologie Johann Hinrich Wichern vorbehalten. Aus dem Stegreif hält er eine zündende Rede, erzählt von seinen Erfahrungen in den Hamburger Elendsquartieren, beschreibt Not und Elend in der wohlhabenden Hafenstadt. Die Rede des Fünfundzwanzigjährigen erreicht ihren Zweck. Die Zuhörer spenden freigiebiger als sonst Geld, Decken, Kleider und Hausrat. *Nur zweimal in meinem Leben habe ich das sichere, mich übermannende Bewusstsein davon gehabt, dass Gott mir in außerordentlichem Maße die volle Kraft des Wortes verlieh: das erste Mal bei jener*

Sonntagsschulfeier im Hamburger Schneideramthause, blickt Wichern später auf diesen denkwürdigen Tag zurück.

Eine Zuhörerin hat diese „Kraft des Wortes“ ganz besonders beeindruckt. Amanda Böhme, zweiundzwanzig Jahre alt, klein und zierlich, Tochter aus bürgerlichem Hause. Eine Woche später besucht sie Wichern und möchte in der Sonntagsschule mitarbeiten. Sie ist fromm, ledig und voller Leidenschaft für die Rettung armer Kinder. Drei Eigenschaften, die sie mit Wichern teilt.

Was die Macht der Liebe vermag

FÜNFTES KAPITEL

das den schönsten Beleg für die biblische Weisheit bietet, dass sich Eros und Agape, die erotische und die Nächstenliebe, aufs Vortrefflichste ergänzen können. Voll Leidenschaft gründet Johann Hinrich Wichern eine Rettungsanstalt für verwahrloste Kinder. Nahezu gleichzeitig verliebt er sich in Amanda Böhme und findet in ihr die Frau seines Lebens.

Die Sehnsucht meines Herzens hat lange ausgesehen nach einem menschlichen Wesen, das inwendig und auswendig Freud und Leid mit mir teilen würde. Wie zu Jugendzeiten schreibt Johann Hinrich Wichern seine innersten Gedanken auf. Diesmal nicht in ein Tagebuch, sondern in ein kleines Heftchen. Gerichtet sind die Eintragungen, in Briefform verfasst, an Amanda Böhme. Doch sie weiß noch nichts davon, ahnt es höchstens. Immerhin hatte dieser faszinierende Oberlehrer der Sonntagsschule St. Georg einen Tag, nachdem sie sich ihm vorgestellt hatte, ihren Vater besucht, einen Beamten bei der Generalfeuerkasse. Wichern erfährt, dass Amanda – wie er selbst – aus einer großen Familie stammt, sie hat acht Geschwister. Auch ein Schicksalsschlag verbindet die beiden: Im selben Alter wie Wichern hatte Amanda ein Elternteil verloren, die Mutter war nach einer Geburt gestorben. Das Größte, das sie verbindet, ist jedoch die Vision eines Rettungshauses für Kinder. *Ich weiß nicht, ob Dir bekannt war, dass ich mich so sehr dafür interessiere. Als Du nun anfingst, still zu rühmen, was für ein seliger Beruf es sein müsse, sein Leben unter armen Kindern oder vollends in einer Rettungsanstalt zuzubringen – ob Du mein Inneres dabei hast belauschen können?* Wichern ist überzeugt, eine Seelenverwandte gefunden zu haben. Sie treffen sich in der Sonntagsschule, wo Amanda in einem Mädchenkreis mitarbeitet. Seine Gefühle behält er für sich, schreibt sie nur in sein Heft. *Das Wort, das Dich meinem Herzen näher brachte, war Deine Aussage, Du habest beim Lesen der Missionsschriften wohl in Deinem Herzen gedacht: Ach, könnte ich auch unter die Heiden! Vor etwa sechs oder sieben Jahre kannte auch ich diese Sehnsucht lebendig, ich verstand Dich also. Und ich sah auf den Herrn, um über mein Gefühl gewiss zu werden.* Die Liebesbriefe Wicherns strotzen von Verliebtsein und reinen Gefühlen. In immer neuen Anläufen betont er, dass weder der Familienwunsch noch die gemeinsame Arbeit, sondern der christliche Glaube das einigende Band der beiden darstelle. *Christus ist das Fundament unserer Liebe und durch Ihn muss sie rein sein, geläutert, enger und inniger werden.*

Die Liebe zu Amanda Böhme beflügelt Wichern. Und setzt noch mehr Energie frei für das Projekt, das ihm seit sieben Jahren im Kopf herumschwirrt und nun in greifbare Nähe rückt: eine Rettungsanstalt für verwahrloste Kinder, *um sie von ihren gottlosen Eltern zu erretten und sicherer zum Heiland führen zu können.*

Wicherns Traum wird wahr

„Retten“: Für moderne Ohren klingt das pathetisch. Es stammt aus dem Wortschatz der Erweckungsbewegung mit ihrer Einteilung in Gut und Böse, christlich und heidnisch, Gott und Welt. Wer diesem Dualismus folgt, weiß sich zwei Aufgaben verpflichtet: Zum einen dafür zu sorgen, selbst auf der richtigen Seite zu stehen, zum anderen dem Missionsauftrag Jesu zu folgen und möglichst vielen Menschen zu ermöglichen, das Heil zu erlangen und sie somit vor der ewigen Verdammnis zu erretten. Hinter diese geistliche Bedeutung zurück tritt der ganz praktische Aspekt des Rettens. Menschen können das Heil nur erlangen, wenn sie von widrigen Umständen wie Armut, Elend, Kriminalität und Sittenlosigkeit befreit sind. Eine programmatische Weichenstellung, die eine Gleichsetzung mit einer völlig zweckfreien Barmherzigkeit verbietet. Der Grundgedanke des Rettens, wie es Wichern und andere Gründer von Rettungshäusern verstehen, entstammt nicht einem sozialen, sondern einem missionarischen Impuls.

Wichern selbst übersetzt das Wort „retten“ mit „selig machen“, einem Begriff aus der Bergpredigt. Ihm schwebt vor, Kinder in einem eigenen Haus mit familiärer Atmosphäre „selig“ zu machen, sie also dem Heil näher zu bringen. Davon träumt er, seit sein erster Arbeitgeber, der Pöseldorfer Privatschulbesitzer Johannes Pluns, ihm von solchen Projekten erzählt hatte: vom Lutherhof des Johannes Daniel Falk in Weimar und den Rettungsanstalten des Grafen Adalbert von der Recke-Volmerstein. Später hatte er das Waisenhaus der Franckeschen Anstalten in Halle besucht, auch die Kopfsche Erziehungsanstalt in Berlin. Diese Einrichtungen faszinierten ihn immens. *Der Gedanke einer solchen Anstalt beschäftigte mich so sehr, dass ich halbe Nächte darum in meinem Bette durchwachte.* Wovon er träumt, schildert er seiner Verlobten Amanda: *eine kleine christliche Kolonie, wo Haus an Haus steht und die Häuser unter Hilfe von Knaben aufgebaut werden.* Von dieser *Anstalt* aus soll *unser Volk im tiefsten Grunde erfasst und aus seinem Sumpfe heraus in die neue Welt Gottes hineingestellt* werden.

Am 8. Oktober 1832 rückt die Verwirklichung seiner Träume in greifbare Nähe.

Winke des Himmels

An diesem Abend treffen sich mehrere Mitarbeiter des Besuchsvereins und tauschen ihre Erfahrungen aus, erzählen sich von ihren Besuchen in den erbärmlichen Armen-Familien. Um den Kindern wirklich zu helfen, müsse man sie von ihren Familien trennen; dazu bedürfe es eines Rettungshauses, in dem *Eltern, die es nicht selber vermögen, ihren Kindern eine christliche Erziehung zuteil lassen könnten.* Ein Haus, in dem *Christi Wort und Liebe regieren* soll. Zum ersten Mal wird ausgesprochen, was Wichern sich schon lange wünscht. *Wir wussten eigentlich nicht, wie Großes wir vorhatten, aber der Herr hielt uns beim Wort, und einzelne konnten den Gedanken daran nicht wieder los werden*, erinnert sich Wichern später an diesen denkwürdigen Tag. Doch das „Große“ war ein unbezahlbarer Traum.

Wie ein Wink des Himmels kam es den Männern vor, als zwei Wochen später eine unerwartete Spende in Höhe von 100 Reichstalern einging. Als *Handgeld vom Herrn* deutet es Wichern, *für uns ein überzeugendes Zeichen seiner Mitwirkung und seines Willens, den wir nicht wieder aus den Augen verlieren sollten.*

Der nächste Wink sollte noch deutlicher werden. Senator Martin Hudtwalcker, mit dem Wichern seit Jugendtagen bekannt ist, verwaltete das Testament eines verstorbenen Ehepaares, das sein hinterlassenes Vermögen „einem zu errichtenden Institut zur Erziehung und Besserung verwilderter und verwahrloster Kinder“ zugute kommen lassen wollte. Hudtwalcker selbst hegt seit einigen Jahren selbst den Gedanken eines Rettungshauses, konnte sein Vorhaben aber bislang nicht umsetzen. Als er von dem Plan des Besuchsvereins um Wichern erfährt, ist ihm klar: Hier ist das Erbe gut und seiner Bestimmung gemäß aufgehoben. 17 800 Mark sind eine stolze Anfangssumme für das Rettungshaus.

Vielleicht noch mehr als mit dem Geld hilft Hudtwalcker durch seine Beziehungen. Er macht die visionären Männer mit dem Syndikus Karl Sieveking bekannt. Wichern selbst bespricht mit diesem einflussreichen Hanseaten seine Idee. Er hat leichtes Spiel, denn Sieveking ist mit der Problematik der verwahrlosten Kinder bestens vertraut und zeigt sich beeindruckt.

Die Ereignisse und der Zuspruch, den die Freunde für ihr Vorhaben bekommen, ist überwältigend. *In diesem allen sahen wir ein Zeugnis von oben, immer kräftiger Hand ans Werk zu legen.* Als im Januar 1833 die Zeitung „Der Bergedorfer Bote“ neu erscheint und Wichern regelmäßig Platz zur Schilderung der Rettungshaus-Idee zur Verfügung stellt, findet das Anliegen noch weitere Verbreitung in der Hamburger Region. Auch die „Vaterstädtischen Blätter" und die „Evangelische Kirchenzeitung" schreiben wohlwollend über das Projekt. Geld, Unterstützung, motivierte Helfer sind da – was fehlt, ist ein geeignetes Grundstück. Am 4. Februar 1833 sucht Wichern wiederum den Syndikus Sieveking auf. *Da ging der edle Mann aus dem Zimmer, kehrte aber bald mit einer Mappe wieder, entrollte ein langes Blatt, worauf sein Landbesitz eingezeichnet war, und bot für das Haus, das wir im Glauben schon längst gebaut, einen Acker Landes dar.* Wichern kann es kaum fassen und ruft noch am selben Tag seine Freunde zusammen.

Das „Rauhe Haus" wird Rettungshaus

Wichern strotzt vor Schaffenskraft. Ende Februar hält er seine (bereits erwähnte) mitreißende Rede auf der Versammlung der Sonntagsschulvereine.

Einen Rückschlag hat er allerdings zu verwinden: Das Grundstück, das Sieveking zur Verfügung gestellt hatte, erweist sich als unbrauchbar für das Vorhaben. Erneut besucht Wichern den Syndikus. Doch der kann Wichern kein anderes Objekt zur Verfügung stellen. Niedergeschlagen geht Wichern am Abend des 26. April nach Hause.

Am nächsten Morgen klopft ein Bote an die Tür. Der Absender des Briefes, den er Wichern in die Hand drückt, lautet: Karl Sieveking. „Am äußeren Ende meiner Besitzung in Horn", schreibt der Syndikus, besitze er noch ein Haus mit einem geräumigen Garten, „daneben liegt ein Schauer, ein Brunnen, von dem schönsten Kastanienbaum der Gegend beschattet, ein wohl erhaltenes Gewächshaus und eine Eisgrube sowie ein Fischteich. Durch das daranstoßende, mir gleichfalls gehörige Feld ist die Besitzung einer jeden allmählichen Erweiterung fähig." Perfekte Voraussetzungen für das Rettungshaus also. Ein Gärtner, der auf dem Grundstück wohne, könne die Kinder in der Gartenarbeit unterrichten. Die Miete, die Sieveking für Haus und Gelände erbittet, ist bezahlbar. Und obendrein würde der traditionelle Name des Anwesens, „das Rauhe Haus“, ja durchaus zum Zwecke einer Erziehungsanstalt für schwierige Kinder passen, befindet „Ihr aufrichtig ergebener K. Sieveking“.

Wichern ist begeistert. Und bleibt es auch, als er wenige Tage später den maroden Zustand des Gebäudes sieht. *Ich kam und sah eine zerfallene Bauernhütte.* Sieveking sagt zu, das Gebäude zu renovieren und den Heuboden zu Schlafräumen auszubauen. Viel mehr als lediglich ein finanzieller Förderer möchte er sein. Als Wichern ihm einen Entwurf der Statuten gibt, die sich die Freunde des Besuchsvereins erdacht hatten, formuliert Sieveking aus ihnen eine Art Projektbeschreibung, die „Propositionen“. In drei Punkten wird darin die Aufgabe und die Struktur der Rettungsanstalt dargelegt. Ihre Absicht sei, „verwahrlosten Kindern (beiderlei Geschlechts) bis zur Konfirmation eine Zuflucht und diejenige Erziehung zu gewähren, welche die Stelle der elterlichen Fürsorge soviel als möglich vertreten soll. Sie ist kein Waisenhaus, keine Armenschule, keine Strafanstalt für jugendliche Verbrecher, keine bloße Herberge für bettelnde herumstreunende Kinder.“ Im Mittelpunkt der Erziehung stehe nicht die Strafe, sondern die Vergebung und die Möglichkeit „fortschreitender Besserung“. Die Arbeit der Einrichtung solle den Staat nichts kosten. Ein Verwaltungsrat habe die rechtmäßige Verwendung der Gelder zu überwachen und durch Jahresberichte die Arbeit der Rettungsanstalt bekannt zu machen, deren Leitung in den Händen eines Vorstehers liegt. Diesen Beruf (im wahrsten Sinne des Wortes) auszuüben ist niemand geeigneter als Johann Hinrich Wichern. Darüber sind sich alle Beteiligten einig.

Der Durchbruch

Mit der Unterstützung Sievekings ist der Weg frei. Ein Durchbruchserlebnis für Wichern, der in den letzten drei Monaten seine Freude darüber fast täglich in Briefen an Amanda Böhme zum Ausdruck brachte, die er allerdings nicht losschickt, sondern für sich behält. Auch spricht er mit ihr darüber, wenn sie sich in der Sonntagsschule treffen. Am 7. Mai besucht er sie zu Hause. Auf welche Weise er ihr seine Liebe gesteht, bleibt unbekannt. Fest steht allerdings, dass sich die beiden an diesem Tag einander versprechen und einen Bund fürs Leben schließen. *Als das erste sichtbare Kennzeichen meiner Liebe zu Dir* überreicht er ihr kurz darauf die Briefe, die er ihr im Geheimen geschrieben hatte. *Alle Zeit lass uns Liebe halten und üben: lass uns wachsen und Vorsicht und Strenge üben … und daran gedenken: was nicht aus Gott ist, ist Sünde. Mit der Sünde aber betrüben wir den Vater droben, dem wir nun als ein Herz und eine Seele zu leben haben.*

Die Aufrichtigkeit, die Wichern sich selbst gegenüber in seinen Jugendtagebüchern praktizierte, vertraut er nun Amanda an. Sie wird Adressatin seiner Bedenken und Selbstzweifel, seiner inneren Kämpfe und frommen Betrachtungen. Von selbstvergessener Verliebtheit ist da wenig zu spüren; eher bestärkt ihn die Liebe zu Amanda dazu, sich auf das bevorstehende diakonische Liebeswerk einzustellen. Bemerkenswert offen gesteht er ihr, von Anfechtungen gerüttelt zu sein: *Sünde und Welt schweigen nicht. Die Eigenliebe und Weltehre reden oft darein und wollen das Herz verwirren.* Freunde raten ihm, größere Werke als ein Rettungshaus im Hamburger Vorort Horn in Angriff zu nehmen: *Ist es nicht schade, dass Du Deine Kräfte solcher mehr kleinen Sache opferst?*, fragen sie. Wichern widersteht den Gedanken daran und träumt mit Amanda seinen ganz eigenen Traum einer diakonischen Familie: *In Horn ganz verborgen, klein, unbedeu-*

tend unter armen Kindern leben – dieser Gedanke macht mich heute so freudig!

Auch Kritik müssen Wichern, Sieveking und ihre Mitstreiter ertragen. Der Publizist Baron Karl Friedrich von Rumohr unterstellt ihnen „die Befriedigung einer gewissen Tugendeitelkeit". Amandus Augustus Abendroth, Bürgermeister Hamburgs, hält das Unternehmen wegen der fehlenden staatlichen Anbindung für bedenklich. Doch die Liste der Unterstützer ist größer als die der Bedenkenträger. Als sogar der angesehene achtzigjährige Baron Caspar von Voght, Kaufmann und Begründer der Hamburger „Allgemeinen Armenanstalt", dem Rettungshaus-Projekt seinen Segen erteilt, verstummen die Kritiker und registrieren mit Erstaunen, dass Star-Architekt Alexis de Chateauneuf Entwürfe für die Rettungsanstalt angefertigt hatte.

In die Freude Wicherns mischen sich Versagensängste. *Manchmal wird mir doch schwer ums Herz bei dem Gedanken, der menschliche Mittelpunkt eines solchen weitgreifenden und so viele Kräfte umfassenden Unternehmens sein zu sollen,* bekennt er seiner Verlobten. Und bekämpft seine Zweifel wiederum mit der romantischen Vorstellung des Lebens im Rettungshaus: *Sind das nicht selige Stunden, meine Amanda? Du hilfst mir bei meiner Arbeit durch Deine Liebe, einen freundlichen Blick, einen Händedruck, denn die Arbeit wird für mich nicht geringe sein.* Rührend sorgt sich Wichern um Amanda, als sie im Sommer längere Zeit erkrankt. Ihre Verlobung wollen sie erst bekannt gegeben, wenn die Rettungsanstalt die Arbeit aufgenommen hat. Wichern befürchtet, dass sonst die Gründung gefährdet sein könnte. Auch will er, bevor er bei Vater Böhme um die Hand dessen Tochter anhält, einen Beruf vorweisen und damit seine wirtschaftliche Sicherheit unter Beweis stellen. Dennoch drückt er gegenüber dem künftigen Verwaltungsrat der Rettungsanstalt sein eigenes Vorstehergehalt. Die angebotenen Jahresbezüge in Höhe von 2 400 Mark seien zu hoch, moniert er. Am Ende erklärt er sich zufrieden mit 1 200 Mark, zusätzlich freie Wohnung für ihn und seine Familie.

Wichern wird Vorsteher

Am 12. September 1833 um 18 Uhr ist es soweit. Die Öffentlichkeitsarbeit zeigt Wirkung. Der Saal in der Hamburger Börse ist überfüllt. Karl Sieveking begrüßt das Publikum zur öffentlichen Gründungsversammlung des Rauhen Hauses. Danach ergreift der Kandidat der Theologie Johann Hinrich Wichern das Wort und stellt sein rhetorisches Geschick erneut unter Beweis. Gemäß eines klassischen Predigtaufbaus leitet er seine Zuhörer aus dem Sündenpfuhl der Hamburger Armenviertel zur evangeliumsgemäßen und gesegneten erzieherischen Arbeit des Rauhen Hauses. Wieder schildert er in derben Worten seine Besuche bei verwahrlosten Familien, sie seien die *Pflanzschulen der Laster, Schanden und Verbrechen, der Boden, auf welchem sich von Glied zu Glied die Gott- und Sittenlosigkeit, die sich selbst und dem Ganzen zur Last fallende Armut unserer untersten Volksklassen erzeugt. Ob den Erwachsenen noch gründlich zu helfen sei und wie, lassen wir dahingestellt sein, dass dem jungen Volke noch geholfen werden könne, glauben und wissen wir.* Den Ausweg will das Rauhe Haus anbieten: In familienähnlichen Strukturen, *jede Familie nicht stärker als zwölf Kinder*, geleitet von *einem erwachsenen elterlichen oder geschwisterlichen Freund* sowie von einem Lehrer, sollen die Kinder eine neue Heimat finden. Die Erziehung soll *im Geist des Glaubens, der durch die Liebe sich tätig, wirksam und geschäftig erweiset,* stattfinden. Keuschheit und Zucht, Fleiß und Gehorsam zählt Wichern als Tugenden auf, die den Kindern vermittelt werden sollen. Die Kinder können nicht der Armut entrissen werden; durch die

Erziehung zur Arbeit können sie jedoch die eigene Armut als gesegnet empfinden. Dies sei ein hehres Ziel, nicht zuletzt wegen der biblischen Vorbilder: *Die Leute in Bethlehems Hütte waren auch arm und fehlte ihnen dennoch nichts.*

Wichern macht keinen Hehl daraus, dass er mit der Erziehung der Kinder einen gesellschaftlichen Auftrag verbindet. *Dem Staate wie der Kirche auf diesem Wege viele lebendige und gesunde Glieder entsenden zu können, ist eine Hoffnung, der wir uns ergehen.* Mit einem furiosen emotionalen Höhepunkt packt Wichern sein Publikum am Ende vollends. Wem jemals so ein armes, flehendes Mädchen in die Augen geblickt habe wie ihm, der *würde die Angst und die Tiefe des Bedürfnisses in den Seelen dieser Kinder begreifen und könnte dem heiligen Triebe, zu retten, nicht widerstehen. Im Geist steht ein solches bittendes Kind mir hier zur Seite und sieht die Menge der Versammelten bittend, flehend an – wer wollte nicht teilhaben am Werke der Rettung, wer nicht helfen, Hütten der schützenden, bessernden, der lebenbringenden Liebe zu bauen?*

Unter dem Eindruck der ergreifenden Rede konstituiert sich der 17-köpfige Verwaltungsrat unter Vorsitz des Syndikus Karl Sieveking. Wichern wird zum Vorsteher des Rauhen Hauses bestimmt. Ohne Verzögerung soll die Arbeit aufgenommen werden.

Endlich verlobt

Fast fünf Monate hatten Amanda Böhme und Wichern ihre Liebe geheim gehalten. Nun, nach der offiziellen Gründung des Rauhen Hauses, ist die Zeit gekommen, die Verlobung bekannt zu geben. Als Sonntagsschulhelferin ist Amanda seiner Mutter und seiner Schwester bereits bekannt; beide reagieren freudig auf die Nachricht. Am 15. Oktober hält Wichern bei Vater Böhme um die Hand von Amanda an und wird freudig als künftiger Schwiegersohn begrüßt.

Wenig Zeit steht für die Vorbereitungen zum Umzug zur Verfügung. Am 24. Oktober besucht Wichern mit seiner Mutter und Amanda das Rauhe Haus. Die Renovierungsarbeiten schreiten voran. *Da durften wir wohl mit bescheidenem Sinn von künftigen Tagen unserer Freude reden und hoffen.*

Am Reformationstag 1833 zieht Wichern mit seiner Mutter und zwei seiner Geschwister – Therese und Wilhelm – in das Rauhe Haus. Erst wenn das Vorsteherhaus errichtet ist, wollen Johann Hinrich und Amanda heiraten. Die Nächstenliebe hat Vortritt. Und dann soll, so wünscht er sich, Amanda so werden wie seine Mutter: *ein stilles, häusliches, immer fleißiges Wesen.*

Das Reich Gottes im Kleinen

Sechstes Kapitel

in dem wir zunächst Hochzeits-Zaungäste sind und dann die Erziehungsmethoden Johann Hinrich Wicherns kennen lernen. Staunend beobachten wir, wie sich binnen weniger Jahre aus der Rettungsanstalt „Rauhes Haus" eine große Einrichtung entwickelt. Und zu unserer großen Verwunderung erfahren wir, dass und welchem Laster der uns sonst so tugendhaft erscheinende Wichern verfallen ist.

„Mutter!“ Am Tag nach der Hochzeit so angeredet zu werden, noch dazu von einem fremden Jungen: Für Amanda Wichern, geborene Böhme, ist das zunächst ungewohnt. Von nun an ist sie Mutter für unzählige fremde Kinder. Endlich hatte sie Johann Hinrich, ihrer großen Liebe, das Ja-Wort vor dem Altar geben können. Pastor Rautenberg, in dessen Sonntagsschule sich die beiden kennen gelernt hatten, hielt am 29. Oktober 1835 die Trauansprache und bat um den Segen für das Paar. Selbstverständlich fand die Trauung auf dem Gelände des Rauhen Hauses statt, im gleichzeitig eingeweihten Neubau „Mutterhaus“, in dem die Familie des Vorstehers von nun an leben sollte. Der Trauspruch, über den der Pastor predigte, bezog sich auf die Ehe wie auf den Neubau: „Dies ist die Stätte meiner Ruhe ewiglich, hier will ich wohnen, denn das gefällt mir. Ich will ihre Speise segnen und ihren Armen Brot genug geben“, ein Vers aus Psalm 132. Eine neue Glocke, gestiftet von Hamburger Glockengießern, verkündete den Bewohnern des Rauhen Hauses den zweifachen Grund zur Freude: Dem Hausvater sei von nun an eine Hausmutter zur Seite gestellt. Und in jenem Haus, in dem Wichern mit seiner Mutter und Geschwistern bisher gewohnt hatte, der alten Bauernkate, solle nun Platz geschaffen werden für verwahrloste Mädchen.

Die Kinder begrüßen Amanda Böhme überschwänglich. Freilich nicht aus heiterem Himmel. Als Wichern ihnen im Mai seine Verlobung bekannt gab, kündigte er den Kindern gar Unerhörtes an: *Ich versprach bei dieser Gelegenheit, einem jeden etwas zu schenken, das er mir nennen würde, wenn es nicht zu kostbar sein würde.* Eine Liste mit 34 unterschiedlichen Wünschen kam zustande: vom Spielzeugsoldaten bis zum Hosenträger, vom Neuen Testament bis zur Eselspeitsche. Als die Jungen Amanda kennen lernten, überreichte der glückselige Verlobte ihnen die Geschenke.

Die ersten Kinder ziehen ein

Seit der Gründung der Rettungsanstalt Rauhes Haus zwei Jahre zuvor war die Aufbruchstimmung ungebremst. Die ersten Kinder waren am 8. November 1833 aufgenommen worden. Drei Jungen aus schlimmsten Familien im Alter zwischen fünf und vierzehn Jahren, *Proletarierkinder aus Hamburgs dunkelsten Vierteln.* Bis zum Ende des Jahres werden es zwölf, fast alle sind *sie in gänzlicher Verwahrlosung und Verwilderung aufgewachsen. Die meisten sind unter dem Einfluss verbrecherischer oder frevelhafter und trunkfälliger Eltern großgeworden. Durch Bettelei und andere Anleitung hatten mehrere es bis zur Gewohnheit des hartnäckigen Lügens und im Stehlen bis zu dem Grade gebracht, dass einer derselben sich in seinem dreizehnten Jahr schon zu 92 Diebstählen vor der Polizei bekannte.*

Ihre einschlägigen Erfahrungen machen es diesen Kindern und Jugendlichen schwer, sich an das geordnete Leben des Rauhen Hauses zu gewöhnen. Vielleicht ist es das Aufnahmeritual, das ihnen das Einfinden erleichtert. Wichern erklärt jedem Neuankömmling, dass ihm *mit seinem Eintritt in dies Haus alles ohne Ausnahme vollständig und für immer vergeben sein soll. Neben diesem einen Versprechen aber hat das neu eintretende Kind ebenso ernst zugleich nur ein Gebot zu vernehmen, nämlich auch seinerseits fortan zu niemandem über diese vergangenen Dinge zu reden.* Wichern möchte die Kinder in die Freiheit führen, keineswegs in eine neue Abhängigkeit, die sich gar durch Zäune oder das Gefühl des Eingesperrtseins dokumentiert. Der Geist der rettenden Liebe soll jedem Kind entgegen wehen: *Hier ist keine Mauer, kein Graben, kein Riegel; nur mit einer schweren Kette binden wir dich hier, du magst wollen oder nicht; du magst sie zerreißen, wenn du kannst; diese heißt Liebe, und ihr Maß ist Geduld. Das bieten wir dir, was wir fordern, ist zugleich das, wozu wir dir verhelfen wol-*

len, nämlich dass du deinen Sinn änderst und fortan dankbare Liebe übest gegen Gott und Menschen!

Der Tagesablauf

„Ora et labora“, „bete und arbeite“ – dieses bewährte benediktinische Motto bestimmt auch den Tagesablauf im evangelischen Rauhen Haus. Um den Geist der Liebe wach zu halten, kommen alle Bewohner, Kinder wie Bedienstete, an jedem Morgen und Abend zur Andacht zusammen. Zwanzig Minuten lang wird gesungen, gebetet und ein Bibelwort ausgelegt. Tagsüber wird gearbeitet. Auf dem Feld und mit den Tieren, später auch in Werkstätten. Die jungen Menschen sollen ihre eigenen Fähigkeiten ausloten und sich an einen geregelten Tagesrhythmus gewöhnen. Außerdem tragen sie so zur Selbstversorgung bei. Die Früchte des Feldes, Eier, Milch, Fleisch: Alles, was auf dem Gelände benötigt wird, soll selbst geerntet oder hergestellt sein.

Ein streng geregelter Tagesablauf soll den Kindern das Leben erleichtern. Um fünf Uhr stehen sie auf (im Winter etwas später), nach Hausarbeiten folgt um sechs Uhr die erste Schulstunde. Für das erste Frühstück um sieben Uhr ist *dickgekochte Buchweizengrütze mit Milch* vorgesehen, sonntags Brot, *um der Köchin an dem Tage frühmorgens Ruhe zu verschaffen.* Eine halbe Stunde später beginnt die Andacht, darauf folgt eine Unterrichtsstunde in biblischer Geschichte. Nach dem zweiten Frühstück um halb zehn beginnt die Arbeit in den Werkstätten oder auf den Feldern. In den Familien gibt es um zwölf Uhr Mittagessen. *Die Kost ist einfach. In den Wintermonaten meistens getrocknete Hülsenfrüchte, Graupen und Reis, in Suppen mit Kartoffeln gekocht, und zweimal in der Woche Fleisch. Im Sommer aber das viele grüne Gemüse, das die Kinder selbst in unseren Gärten anbauen.* Nach einer Mittagsruhe folgt wieder eine Arbeitsphase; einzelne Kinder erhalten Musikunterricht. Um halb fünf treffen sich die Erzieher, um die Vorkommnisse des Tages zu besprechen, um fünf folgen zwei weitere Unterrichtsstunden. Um sich auf die Abendandacht vorzubereiten, sollen die Kinder ab sieben Uhr eine Ruhestunde einlegen; geistlich und durch das Abendessen körperlich gestärkt gehen sie um Viertel vor neun Uhr zu Bett.

Die Werktage im Rauhen Haus sind ausgefüllt. Am Sonntag ist Zeit für Muße und Spiele. Nur ein Gottesdienst und Konfirmandenunterricht stehen auf dem Programm. Auch der biblische Wochenrhythmus ist Bestandteil des durchdachten Konzeptes. Besonders die Kultur der kirchlichen Feiertage bringt Wichern seinen Zöglingen bei. Mit ungewöhnlichen Ideen vermittelt er ihnen die Bedeutung des Kirchenjahres. Um den Kindern das Warten auf das Licht des Weihnachtsfestes symbolisch erfahrbar zu machen, bindet er einen Adventskranz mit 28 Kerzen: vier weiße für die Sonntage, 24 rote für die übrigen Tage.

Erfolgsmodell „Rauhes Haus“

Viele Interessierte aus Hamburg, sogar aus dem Ausland, besuchen an Sonntagen das Rauhe Haus. Wichern ermüden die ständig gleichen Erklärungen, doch die Besucher bringen auch Spenden und Bekanntheit. Rasend schnell spricht sich das neue Rettungshaus auch im Ausland herum. Sogar die dänische Königin Caroline Amalie von Dänemark kommt, um Erfahrungen für ein ähnliches Projekt in Kopenhagen zu sammeln. Wenige Tage danach trifft Elizabeth Fry ein, eine englische christliche Sozialarbeiterin, die sich um Gefangene, verwaiste Mädchen und Geisteskranke kümmert. Ihre Europareise dient der Vernetzung diakonischer Aktivitäten. „Es geht ein Gefühl durch die ganze Welt, dass unsere Zeit nur die des Untergangs oder die einer neuen Wiedergeburt sein kann“, meint sie, „der Kampf hat begonnen … Selig, die da gewürdigt werden, Steine aus dem Wege zu räumen und die Königsstraße zu bauen, auf welcher der Herr einziehen will!“ Als einer von diesen Wegbereitern fühlt sich Johann Hinrich Wichern.

Dass ständig fremde und vertraute Menschen Spenden vorbei bringen, bestärkt ihn in diesem Selbstbild. Mal steht ein Bauer mit einer Ziege vor der Tür, mal bringen Frauen Kleider und Socken vorbei, mal überreichen Geschäftsleute größere Spenden. Auch wollen immer mehr Eltern ihre Kinder in die Obhut des Rauhen Hauses geben. Abweisen möchte Wichern niemanden. Doch mehr Kinder erfordern größeren Platzbedarf. Also stimmt der Verwaltungsrat dem Bau neuer Gebäude zu. Zunächst entsteht, unter Mithilfe der Jugendlichen, das „Schweizerhaus“, so genannt nach eidgenössischer Bauart. Hier zieht die erste „Knabenfamilie“ ein und eine Werkstatt wird hier untergebracht. Am kunstvoll gestalteten Giebel versinnbildlichen ein Bild vom guten Hirten und ein Bibelspruch das Konzept Wicherns: „Er sucht das Verirrte.“

Der Satzung entsprechend sollen auch Mädchen aufgenommen werden – das macht den Bau eines weiteren Hauses nötig. Am 31. Mai 1835 wird der Grundstein für das „Mutterhaus“ gelegt, in das Wicherns Familie einziehen soll. Anlässlich des Festes weist Wichern auf den eigentlichen Grund des Rauhen Hauses hin: *dass wir bauen auf einen ewigen, unveränderlichen Grund des Lebens, auf ein unsichtbares Kapital, das für das ewige Leben wuchert, auf den Eckstein, den kein anderes Gut ersetzen kann, und der auch hier schon längst gelegt ist, auf Jesum Christum, der Menschen Heiland und Retter.*

Bald nach Fertigstellung des Mutterhauses ist Platz für die erste Mädchenfamilie. Bis Frühjahr 1836 ziehen zwölf

Mädchen ins alte Bauernhaus. Die Familie wird von Wicherns Schwester Therese geleitet. Neben dem Schulunterricht erlernen die Mädchen alles, was für eine spätere Tätigkeit als Dienstmädchen nötig ist. Das Idealbild Wicherns, das auch die Erziehung im Rauhen Haus beeinflusst haben wird, schilderte er seiner Geliebten Amanda in einem Brief: *einfaches Erscheinen vor der Welt; dasselbe ist ein Spiegel und Abdruck der Einfalt und Unschuld des Herzens; einfache Kleidung und einfaches Wort; nie mehr sagen, als man im Herzen hat.* Und, selbstverständlich, Fleiß und Häuslichkeit.

Das Rauhe Haus expandiert. Nach und nach entsteht ein kleines Dorf auf dem Gelände in Horn. Jede Grundsteinlegung wird zum Dankfest. Im August 1836 wird ein eigenes Arbeitshaus eingerichtet, „Zum goldenen Boden“ heißt es. Das Untergeschoss besteht aus mehreren Werkstätten, auf der oberen Etage ist Platz für eine Knabenfamilie. Dem *Reich Gottes im Kleinen*, das Wichern vorschwebt, kommt er immer näher. Im September 1836 trägt schließlich auch die Wichernsche Ehe Früchte und fördert das Glücksgefühl: Amanda gebiert ihre erste Tochter, sie trägt den Namen der Mutter Wicherns, Caroline.

Ein großer Betsaal mit eigener Orgel, zusätzlich Bibliothek, Unterrichtszimmer und eine Lehrerwohnung, werden im Juli 1839 eingeweiht. Endlich kann Wichern seinen Zöglingen und Mitarbeitern einen angemessenen Raum für Andachten und Gottesdienste bieten. Stillstand ist für Wichern schwer zu ertragen, schon hat er ein neues Projekt im Kopf: ein neues Haus für eine Knabengruppe und Wohnungen – ohne Handwerker, nur von den Rauhhäuslern erbaut. Wichern erzählt im Freundeskreis von dieser Vision und erhält prompt eine 500 Mark-Spende. Die restlichen 300 Mark legt ein Bremer Senator dazu. Im Herbst 1841 kann das Haus „Bienenkorb“ bezogen werden, zwei Jahre später das Mädchenhaus mit zwei „Schwalbennestern“.

Hamburg brennt

Eine Feuerprobe im wahrsten Sinne des Wortes muss das Rauhe Haus im Frühjahr 1842 bestehen. *Eigentlich gedieh alles sichtlich, die Frühlingssonne brachte Lust und Wonne.* Am Himmelfahrtstag erblicken die Rauhhäusler im Westen Flammen. Hamburg brennt. Der Turm der Nikolaikirche stürzt ein. *Der Tag wurde Nacht. Der Westen war ein Feuer- und Glutmeer und blieb es. Angstgeschrei und Verzweiflung, Gebet und Händeringen erfüllten auch unsere Räume. Boten kamen aus der Stadt. Scharen von Hausgenossen zogen zum Retten in die Stadt und kehrten immer mit neuen Unheilsbotschaften zurück. Flüchtlinge bedeckten die Landstraßen; auch unser Haus öffnete sich für sie; unsere leeren Häuser wurden Speicher; auf schwer belasteten Wagen führten obdachlos gewordene Freunde ihre Habe heran.* Vier Tage lange wütet die Feuersbrunst in Hamburg und zerstört weite Teile der Stadt. 70 000 Menschen fliehen; auch die gerade eröffnete erste Eisenbahnstrecke Hamburgs transportiert Flüchtlinge nach Bergedorf. Eine der Flüchtlingsstraßen führt am Rauhen Haus vorbei. Wichern und die Hausgenossen stehen vor neuen Aufgaben. *Verzweifelnde stürzten in unser Haus. Wahnsinn tobte vor unseren Toren. Bewaffnete machten die Nächte doppelt schrecklich und das Verbrechen drohte hinter unseren Zäunen. Die Erinnerung weiß nicht mehr zu scheiden, was am Tage und was bei Nacht geschehen. Unser Betsaal wurde wie ein Lazarett.* Als die Wirren vorbei sind und die Flüchtlinge zurückkehren in die verwüstete Stadt, bemerkt Wichern stolz: *In all dieser Not bewährt sich zum ersten Mal unter so harten Bedingungen der christliche, soziale Geist der Anstalt. Alle wollen helfen, keiner stiehlt sich davon – und die Solidarität der Zöglinge zeigt die Erfolge der Anstaltserziehung: Die Gehilfen werden in der Stadt, wie jede Hand, die nur zupacken kann, gebraucht; im Rauhen Haus hat dies nicht etwa ein Drunter und Drüber, sondern ein noch festeres Zusammenrücken zur Folge.*

Die Brüderanstalt

Wenn die „Verirrten“ schwer erziehbare Kinder aus einfachsten sozialen Verhältnissen sind, ist Erziehung Schwerstarbeit und erfordert professionelle Pädagogen sowie ein überzeugendes Konzept. Im April 1834 stellt Wichern deshalb zwei Erziehungsgehilfen ein. Einer von ihnen ist der wandernde Bäckergeselle Joseph Baumgartner, der bereits pädagogische Erfahrungen in der süddeutschen Armenanstalt Beuggen gesammelt hat. Schon an seinem ersten Tag rettet er – im wahrsten Sinne des Wortes! – zwei Kinder, die in den Teich gefallen sind und zu ertrinken drohen.

Baumgartner ist der erste einer langen Reihe von „Brüdern“, später „Diakone“ genannt, die bis heute vom Rauhen Haus ausgebildet werden. Wichern ist klar: Die Erziehungsgehilfen müssen nicht nur den Geist des Rauhen Hauses erfassen, sondern auch das pädagogische Konzept kennen und umsetzen. Um Professionalität zu gewährleisten, genügen kurze Gespräche mit dem Vorsteher nicht; dazu bedarf es einer systematischen Ausbildung. Andererseits ist Wichern angewiesen auf Helfer, möglichst aus Handwerksberufen, die den Kindern ein „Bruder“ sind und sie mit Arbeitstechniken vertraut machen. Gleichzeitig stehen ihm sehr wenig Mittel zur Verfügung, diese Tätigkeit zu bezahlen. Wichern schweben Männer vor, *welche irgendein Handwerk verstehen oder sich sonst praktisch nützlich zu machen wissen, dabei aber vornehmlich und aus Liebe zum Herrn gesonnen sind, sich dem Dienst an solchen verwahrlosten Kindern ganz hinzugeben. Da die Anstalt kein Honorar bietet, so haben diese Gehilfen fortan in einem vierjährigen Kursus eine intellektuelle und praktische Ausbildung zum Armenerzieherstand zu erwarten.*

Wicherns wegweisendes Konstrukt: Die Erziehungsgehilfen bekommen nur ein geringes Taschengeld, dafür Kost,

Logis und eine qualifizierte Ausbildung zum Diakon. Mehr und mehr Männer, ihr Eintrittsalter darf zwischen zwanzig und neunundzwanzig Jahren liegen, erklären sich dazu bereit. Erst 1844, zehn Jahre nach dem ersten Erziehungsgehilfen, findet diese Ausbildung in Form der „Brüderanstalt" eine institutionelle Form. Der Zuspruch und das öffentliche Interesse sind enorm und reichen bis ins Zentrum des preußischen Reiches. Am 5. November 1844 berichtet Wichern persönlich in Berlin König Friedrich Wilhelm IV. in einer Audienz vom Rauhen Haus. Im Jahr darauf stiftet der Monarch die Ausbildung von sechs Brüdern.

Wichern stellt einen Ausbildungsplan auf. Er führt viele pädagogische Impulse zusammen, die er von anderen Rettungshäusern kennt, und verleiht ihnen ein ureigenes Gepräge. Viele Elemente gehören heute zum pädagogischen Standard.

Zum Beispiel die Familienstruktur. Sie ist eine Antwort auf die Frage: Wie kann die Erziehung verwahrloster Kinder aus zerrütteten Verhältnissen gelingen? Wichern hat große Armen- und Waisenhäuser vor Augen, die zwar vielen Menschen eine Unterkunft bieten, den individuellen Bedürfnissen der Kinder jedoch nicht gerecht werden können. Würden die Kinder jedoch in übersichtlichen Gruppen zu zehnt, höchstens zu zwölft zusammenleben, die von einem *elterlichen oder geschwisterlichen Freund* geleitet werden und so familiäre Übersichtlichkeit vermitteln – dann könnte dieser Zusammenhalt Kindern eine liebevolle Geborgenheit schenken, die sie innerlich an das Rauhe Haus bindet und tatsächlich jede Art von Mauern und Riegeln überflüssig macht. *In einem solchen kleineren leicht und vollständig übersehbaren Kinderkreise muss es, wenn auch mit dem Aufgebot aller Kräfte, möglich zu machen sein, jene individualisierende Liebespflege über alle im Haus befindlichen Kinder gleichmäßig auszubreiten und nament-*

lich auch über ein neu aufgenommenes Kind jene geforderte unerlässlich feine, zarte Führung und Beaufsichtigung zur Ausführung zu bringen. Jedes Kind, auch das ist ein wichtiger Bestandteil des Konzeptes, schläft in einer eigenen Kammer.

Viele solcher Gruppen sollen das *Rettungsdorf* bilden. *Die Anstalt soll nicht so sehr das Leben einer Familie, als vielmehr das Zusammenleben mehrerer zusammengehöriger Familien sein, zu welcher der Vorsteher hernach nur in einem ähnlichen Verhältnis wie der Seelsorger zur Gemeinde steht.* Pädagogik und Architektur wirken Hand in Hand. Denn die einzelnen Häuser mit den Wohngruppen *sind durch kleine Lustgärten, die den Kindern zur Freude dienen sollen,* getrennt.

„Jedes Kind ist ein Heiligtum"

Von 1841 an hält Wichern Vorlesungsreihen für die angehenden Brüder. Auf teilweise hohem Niveau entwickelt er seine Ansichten. Deutlich wird: Erziehung ist für ihn ein anderes Wort für „Rettung". Drei Hauptgrundsätze erläutert Wichern, mit deren Hilfe er den theologischen Laien gleichzeitig eine Einführung in das christliche Menschenbild gibt.

In der christlichen Erziehung soll das Religiöse das Fundament, aber nicht die einzige Sache sein, lautet sein erster Grundsatz. Glaube und Leben sind nicht zu trennen, erklärt Wichern, denn jeder Lebensbereich sei vom Glauben durchdrungen, deshalb habe jeder Unterricht denselben Stellenwert wie die dezidiert religiöse Unterweisung. Da jedem Kind vom Schöpfer mannigfaltige Fähigkeiten und Eigenschaften verliehen wurden, gehe es um *die Ausbildung aller dieser Geistes-, Seelen- und Leibeskräfte.* Statt um bloße Menschenliebe (dies wirft er unter anderem dem wegweisenden Pädagogen Heinrich Pestalozzi vor) gehe es um die *Liebe Gottes, der uns in Christo versöhnt hat.* Die eigentliche Bestimmung und Vollendung des Menschen liege nicht in dieser Welt, sondern jenseits des Todes.

Wicherns zweiter Grundsatz: *Die christliche Erziehung achtet in jedem Kinde dessen Persönlichkeit und Eigentümlichkeit, behandelt das Kind auch demgemäß.* Ein Affront gegen all jene „Erzieher", die meinen, mit Strafe und Einschränkungen „schwierige" Kinder reglementieren zu können. Jedes Kind ist ein Heiligtum, hält Wichern ihnen entgegen, eine *Wohnstätte Gottes.* Diese Einsicht schließt von Seiten des Erziehers von vornherein das Recht aus, *nach Willkür mit dem Kinde zu verfahren. Der christliche Erzieher hat sein ganzes Verfahren vielmehr unter die Zucht des göttlichen Willens zu stellen, damit er im Kinde nicht das Eigentum Gottes verletze, verderbe.* Dessen eingedenk sollten die christlichen Erzieher die individuellen Gaben des Kindes fördern. Als bewährtes Handwerkszeug zur Menschenkenntnis setzt Wichern die antike Temperamentenlehre auf den Lehrplan für die angehenden Brüder. Demnach gibt es Phlegmatiker, Choleriker, Sanguiniker und Melancholiker; im Glauben an Christus, der *vollkommene innere Gleichmäßigkeit* verkörpere, sei die „Heilung" von *Temperamentsfehlern* möglich. Erziehung bedeutet für Wichern, Kinder *zu Christo* hinzuführen.

In seinem dritten Grundsatz widmet sich Wichern praktischen Fragen: *Jedes Mittel, das Kind für das Reich Gottes und in demselben zu bilden, muss … von diesem Geiste ausgegangen und durchdrungen sein.* Die Frage liegt auf der Hand: Wenn jedes Kind ein Heiligtum Gottes ist – wie passt das damit zusammen, dass viele Kinder stehlen, lügen, ungehorsam sind, sogar in der Obhut des Rauhen Hauses?! Die Sünde sei der Grund dafür, meint Wichern, und setzt diese mit *persönlicher Schuld* gleich. Ein Erzieher dürfe *christliche Zucht* anwenden, aber auch Belohnung, damit das Kind Sünde und Gnade erkenne. Mehrere Formen der Strafe stellt Wichern den Erziehern anheim, sorgfältig abzuwägen in Bezug auf das Vergehen des Kindes: Die *pädagogische Freiheitsentziehung* – wozu auch die Absonderung von Spielen oder vom Essenstisch gehört; die *körperliche Züchtigung*, sie soll mit Ankündigung und ohne Zorn geschehen, *den Kopf und Genitalien auslassend*; und die *Zucht durchs Wort.* Brutales Vorgehen sei unbedingt zu vermeiden, legt Wichern den Brüdern ans Herz, denn Strafe sei *eine Beweisung der heiligen Liebe.* Das vertrage sich nicht mit Quälereien und Torturen. Wichern ist kein Verfechter strikter Strafkataloge; auch hier gelte es, die Entwicklung und Individualität des „sündigen" Kindes in die Wahl der Strafe einzubeziehen.

Wichern erkennt, dass er mit seiner an der Individualität jedes Kindes orientierten Pädagogik den Erziehungsgehilfen große Verantwortung zumutete. Um sie zu entlasten, aber auch um selbst im Bilde zu bleiben über Erziehungsfortschritte wie Krisen, richtet er regelmäßige Tages- und Wochengespräche der Gehilfen ein, in denen der Stand jedes Kindes besprochen wird. Dort wird *alles dasjenige, was diese zwölf unter sich erlebt haben, zur Sprache gebracht. Wichtiges und Unwichtiges, Inneres und Äußeres, Erfahrungen bei der Arbeit wie beim Unterricht, Wünsche und Bitten, Gegenwärtiges und Zukünftiges, Hoffnungen und Befürchtungen. Erlebnisse untereinander und mit den Erwachsenen werden hier in bunter Reihe von den Kindern selbst zur Sprache gebracht. Selbstanklagen, Bekenntnisse, Schlichtung von Streitigkeiten, Untersuchungen über Recht und Unrecht bringen alles ans Licht, was bis dahin verborgen gewesen. Der Standpunkt jedes einzelnen wird dabei von selbst offenbar.* Wichern selbst versteht sich als Seelsorger der Brüder und begründet eine Art Supervision, wie sie heute in vielen sozialen und psychologischen Berufen gang und gäbe ist.

Und wie geht Johann Hinrich Wichern selbst mit der großen Verantwortung um? „Mit jedem Kind lebte er dessen Einzelleben“, schilderte einer seiner Wegbegleiter, „ein jedes wusste er in der rechten Stunde zu erreichen, und von jedem ließ er sich erreichen. Es kamen Tage, an denen fünf, sechs Stunden hindurch sein Zimmer nicht leer wurde.“ Selbstverständlich ist solch eine Nähe zwischen Vorsteher und Kindern nicht. Sie ist ein Zeichen dafür, dass die Kinder Vertrauen empfinden und ihren Hausvater als positive Autorität akzeptieren. An Sonntagen ist er bisweilen stundenlang umringt von Kindern wie von erwachsenen Hausgenossen, die das Gespräch mit ihm suchen. Seine Mischung aus Ernsthaftigkeit und Leichtigkeit, aus Strenge und Humor findet bei den Kindern Anklang. Er vermeidet es zu nötigen, wirbt vielmehr darum, die guten Dinge des Lebens und des Glaubens zu erkennen. Auf gleicher Augenhöhe versucht er, den Zöglingen zu begegnen. Das geht so weit, dass er sich an einem Neujahrstag im Kreis der Kinder zu seinen eigenen Schwächen bekennt. *Ich konnte nicht umhin, mich in die Reihe derer zu stellen, die eben ihre Schuld bekannt hatten, und nannte unter anderem meine Heftigkeit und meine Trägheit im Gebet und sagte den Kindern, dass ich im Verborgenen noch viel anderes meinem Heiland zu beichten habe.*

Um so mehr betrübt es Wichern, wenn einer der Zöglinge flieht. Er sieht es freilich nicht unbedingt als Versagen seines Erziehungskonzeptes an. Vielmehr deutet er es als vom Bösen verursacht, vor dem das Kind gerettet werden soll. In der Beurteilung erziehungsunwilliger Kinder spricht Wichern von *dämonischer Bosheit* und von einem *eigentümlich hohen Grad des Bösen, wie wir es im Rauhen Hause zu bekämpfen haben.* Sich und sein Erziehungskonzept auf der guten Seite wähnend, geht Wichern bemerkenswert gelassen mit der Tatsache des Bösen und mit fliehenden Zöglingen um. Krisen müssen durchlebt werden, meint er, denn *die Frucht, auch die des Bösen, muss reifen, bevor sie abfällt oder man sie abnehmen kann.* Weil nicht die Kinder, sondern das in ihnen wirkende „Böse" Grund für die Flucht sei, geht Wichern – ganz wie der Hirte, der das verirrte Schaf sucht und freundlich vom Giebel des Schweizerhauses blickt – den geflohenen Kindern nach und nimmt sie klaglos wieder in die „Herde" auf. Bis zur Konfirmation bleiben sie dort; danach werden sie entlassen, viele finden eine vom Rauhen Haus organisierte Lehrstelle oder Arbeit. Mit regelmäßigen Einladungen bleibt der Kontakt zu den ehemaligen Zöglingen bis ins Erwachsenenalter bestehen.

Wicherns Selbstanklage

Nach einiger Zeit steht das Rauhe Haus vorerst auf solidem Fundament. Einzelspenden, Einkünfte aus Wohltätigkeitsveranstaltungen und Stiftungsgelder ermöglichen einen steten Ausbau. Bei soviel Glück und Erfolg prallen die wenigen kritischen Stimmen an Wichern ab. Ein Hamburger Hauptpastor wirft ihm Geldmacherei vor – weit gefehlt, Wicherns Einkommen entspricht auf eigenen Wunsch nur etwa dem eines Pastors, ohne Altersversorgung. Andere bezeichnen das Rauhe Haus als überflüssige Konkurrenz zur städtischen Armenfürsorge oder bezichtigen Wichern der Eitelkeit.

Der letzte Vorwurf lässt Wichern nur äußerlich kalt. Statt der Versuchung der Eitelkeit zu erliegen, blickt er ihr ins Auge – das wird in seinen Tagebucheinträgen deutlich. *Man ist gar leicht sehr hoffärtig trotz aller Selbstprüfung,* bekennt er. *Wie ein Gespenst begleitet uns der Hochmut in Gesellschaft ande-*

rer und in der Einsamkeit. Als frommer Mensch kennt Wichern das Gegenmittel: *Man muss Christus anrufen, dass Er einen begleite und allezeit begegne, so wird jenes Gespenst weichen.* Bemerkenswert schonungslos geht Wichern mit sich und seinen Schwächen ins Gericht, moniert an sich die *Macht des leiblichen Fleisches – Trägheit des Geistes zum Gebet, zur Anrufung – Schlafen und Ruhen ohne Gott, nicht in seiner Hand liegen; Härte selbst gegen eine Mutter, mit Bewusstsein dieser Härte und dennoch! – Auffahrend gegen den Nächsten, der es nicht böse meint; Ungeduld mit den Fehlern anderer, weil man sich selbst nicht richtet, das Band der Liebe vergisst, davon man noch eben vorher geredet.* Im Alter von einunddreißig Jahren und trotz aller Erfolge hat Wichern die schonungslose Selbstbetrachtung, die er schon in seinen Jugendtagebüchern praktiziert hat, nicht vergessen. Dass sein Umgang mit anderen mitnichten nur selbstlos ist: Er weiß es und gesteht es sich ein. *Wichtige Pflichten werden vergessen und das Interesse dem eigenen geopfert.* Wie ein Stau entladen sich Ende September 1839 Wicherns selbstkritische Gefühle; wer die Eintragungen heute liest, bekommt eine Ahnung davon, dass die Arbeit mit Johann Hinrich Wichern oft anstrengend war. Er wirft anderen *herrische Anmaßung* vor, weil er selbst *durch das pflichtmäßige Tun andrer an die eigene Pflicht nicht angenehm ermahnt wird.* Auch kennt er einen weiteren Abgrund: *Man reizt andere zu Liebeswerken, bei denen erwartet wird, dass man selbst Lob ernten könnte. Davon erscheint nichts, die Außenwelt erfährt davon auch nichts, aber schon die Möglichkeit, dass man gerühmt werde, schmeichelt und tut wohl und ist süß.*

Nicht viele solcher Gedanken vertraut Wichern seinem Tagebuch an. Sie zeigen einen hinter aller Geschäftigkeit, Zugewandtheit und Professionalität verletzlichen und mitunter auch verletzenden Vorsteher. Sein Flehen um Abhilfe und Vergebung klingt so ehrlich wie seine Selbstanklage: *Was für ein Sünder ist doch der Mensch. Helfe Gott zur Erlösung!*

Bei den vielen Aufgaben und Plänen kommt Wichern selten zum Ausruhen. Tag und Nacht steht er unter Strom. *Das Leben, wie ich es führen muss, ist so bunt und mannigfaltig und deswegen freilich wenig geeignet, mich zur Sammlung des Gemütes und zur inneren Ruhe und Besinnung kommen zu lassen.* Nur selten gönnt sich Wichern Pausen und Muße. Das Rauchen wird ihm zu einem der wenigen Genüsse, die er sich – bisweilen ausgiebig – gönnt. Gerne stopft er sich seine Pfeife. Den Tabak dafür bewahrt er in einer geschichtsträchtigen Kiste auf. Sie stammt vom „Wandsbeker Boten" Matthias Claudius; dessen Sohn Johannes hatte sie seinem Freund Wichern zur Hochzeit geschenkt.

„Die Liebe gehört mir wie der Glaube!"

Siebtes Kapitel

das uns in das geschichtsträchtige Jahr 1848 führt und in dem wir Johann Hinrich Wicherns geistvolle, dabei aber merkwürdig radikale Gegenwehr gegen das Gespenst des Kommunismus schildern. Mit dem Projekt „Innere Mission" weckt er die evangelische Kirche aus dem Schlaf der Gerechten.

Ausgerechnet Maulbeerbäume. Ein sächsischer Gönner hatte es gut gemeint. Hundert dieser eigentlich in südlichen Gefilden beheimateten Bäume hatte er dem Rauhen Haus liefern lassen. Seine Idee: Die Rauhhäusler könnten Seidenraupen züchten, aus deren Kokons wiederum kostbare Seide gewonnen werden kann. Theoretisch eine gute Möglichkeit, viel Geld zu verdienen – doch leider halten die tropischen Bäume dem hanseatischen Wetter nicht stand.

Über mangelnde Spendenbereitschaft für das Rauhe Haus kann sich Johann Hinrich Wichern wahrlich nicht beklagen. Zwei Koppeln kann die Rettungsanstalt dazu kaufen, kann neue Häuser bauen, mehr Kindern Erziehung und mehr Brüdern Ausbildung bieten. Eine eigene Druckerei wirft Gewinne ab, bietet zudem Jugendlichen eine Lehrstelle *und die erfreulichsten sittlichen Resultate.* Hier werden unter anderem die „Fliegenden Blätter" gedruckt, eine Zeitung mit lokalen Berichten und Nachrichten aus dem Rauhen Haus. Eine Agentur vertreibt erfolgreich Bücher und finanziert die Brüderanstalt mit. Deutsche und ausländische Adlige geben sich die Klinke des Rauhen Hauses in die Hand und zeigen sich so erfreut wie spendenbereit.

Zufrieden ist Wichern dennoch nicht. Seine Arbeit in Hamburg hat zwar einigen Kindern eine neue Heimat gegeben. Doch angesichts der armen Massen ist das nur ein Tropfen auf dem heißen Stein. In allen großen Städten wächst das Elend, je mehr Maschinen in den Fabrikhallen stehen, desto größer wird das Heer der Proletarier. Gnadenlos fordert die Industrialisierung ihren Tribut. Immer weniger Arbeitskräfte werden für die Herstellung von Waren benötigt. Wer Arbeit findet, wird von den Unternehmern unterbezahlt, an soziale Absicherung ist nicht zu denken. Die Slums wachsen so schnell wie die Armut.

Und die Kirchen? Machen so weiter wie bisher: Predigen und laden zu Gottesdiensten ein und verdrängen, dass sich erstmals in ihrer Geschichte große Bevölkerungsteile abwenden. Stattdessen streiten sich die Theologen um die Frage, wie denn der rechte Glaube aussehen soll: eher rationalistisch, pietistisch – oder doch eher erweckt-schwärmerisch? Das treibt Wichern zur Weißglut. Seine Entdeckung – dass die Praxis der Liebe so viel mehr verändern kann als die bloße Liebespredigt der Kirchen – könnte sich auch auf die gesamte Gesellschaft übertragen lassen und sie retten. Sie könnte die kirchliche Antwort sein auf Armut und Revolution. Und sie könnte die Rettung sein für die Gesellschaft, denn die Sittenlosigkeit und die Kriminalität der Verwahrlosten sind eine ständig wachsende Bedrohung für Recht und Ordnung. Insofern diene eine Rettungsanstalt, so Wichern, auch dem Wohle des Staates.

Kirche muss handeln, ist Wichern überzeugt. Sein Renommee als Theologe will er fortan dazu nutzen, sie von der Notwendigkeit der „inneren Mission“ zu überzeugen. Es gehe eben nicht nur darum, Heiden oder Juden den Glauben an Christus nahe zu bringen. Diese äußere Mission sei wichtig, aber ebenso wichtig sei endlich der Blick nach innen, zu den Glaubensfernen im eigenen Land.

Vom Rauhen Haus aus ist diese Überzeugungsarbeit schwerlich möglich. Also entschließt sich Wichern zu reisen. Zum einen, um eine Bestandsaufnahme christlicher Hilfs-Anstalten zu machen, zum anderen, um kirchliche Entscheidungsträger von seinem Ansinnen zu überzeugen. Seine Frau Amanda übernimmt noch mehr Aufgaben im Rauhen Haus, es sind genügend Brüder vor Ort, sodass Wichern die Anstalt beruhigt Tage, manchmal auch Wochen allein lassen kann. In ausführlichen Briefen lässt er Amanda teilhaben an seinen Erlebnissen.

Seine Ausflüge in die Kirchenwelt sind deprimierend. Manche Situationen kann er nur mit Humor ertragen. Einmal kommt er in eine Pastoralkonferenz, *es kam mir vor wie vor dem ersten Schöpfungstag: Der Geist Gottes schwebte über den Wassern – das Licht kam aber nicht!* Statt über wichtige praktische Dinge zu reden, kommt es zum Streit über eine theologische Fachfrage. *Das Resultat war schließlich, dass keiner den anderen verstand, dass jeder etwas anderes meinte. Einige verwirrten alles dermaßen, dass gezischt und gescharrt wurde,* schreibt Wichern resigniert. Unzählige schlechte Predigten erträgt er, die Pastoren seien ein Grund für die Misere der Kirche, *ihre Predigt ist ein Streich in die Luft, und es bleibt mir ein gutes Zeichen, dass sich die Gemeinden nicht in ein so abstraktes Wesen wollen hineinschrauben lassen. Wenn man denselben statt des lebendigen Christus eine hölzerne Puppe zeigt, so ist's kein Wunder, dass sie damit nur spielen oder lachen!* Bei anderen jedoch findet er Gehör und Zustimmung. Zwischen Mecklenburg und Osnabrück, Berlin und Bremen knüpft er ein Netz wohlwollender Kirchenmänner, Adliger und Bürgerfamilien. Auch erhält er Briefe von Pastoren, die ähnliche Erfahrungen wie er machen. Auf seinem Schreibtisch im Rauhen Haus stapeln sich Anfragen, Ermutigungen und Hilfsersuche. Einigen kommt er nach. Als Anfang 1848 in Schlesien der Hungertyphus ausbricht, drohen tausende Waisenkinder zu verhungern. Gemeinsam mit zehn Brüdern bricht er auf, um zu helfen.

Glaube statt Kommunismus

Währenddessen rütteln andere Geschehnisse an den Grundfesten Europas. Das „Kommunistische Manifest" sorgt für Furore, in dem Karl Marx und Friedrich Engels die Arbeiter zur Revolution gegen die Unternehmer auffordern und sich offen gegen die Kirche und den Glauben wenden. Als Wichern auf dem Weg nach Schlesien Zwischenstation in Berlin macht, erlebt er eine explosive Spannung. Überall versammeln sich Arbeiter und Handwerker, der Funke der revolutionären Aufstände in Frankreich und Wien hatte die preußische Hauptstadt erreicht. Wichern ist gelassen und sieht sich darin verbunden mit dem Monarchen: *Der König ist erfüllt von der Zuversicht, dass, was auch kommen mag, alles zur Förderung des göttlichen Reiches sich entwickeln werde.* Entmutigt ist Wichern keineswegs, denn *jede Offenbarung heidnischer Rohheit oder heidnischen Frevels* ist für ihn *ein Aufruf zum Erwachen, zum kräftigen Beginn des Tageswerks der rettenden Liebe.*

Dennoch gelte es, den Kampf gegen Atheismus, Kommunismus und Revolution aufzunehmen. Der Heilige Geist werde dem „Gespenst des Kommunismus" den Garaus machen, hofft Wichern. *„Kommunismus und die Hilfe gegen ihn"* heißt der Aufsatz, mit dem er die Kirche wachrütteln will. Noch seien die Proletarier mit der Kirche verbunden, und sei es nur durch die Taufe; das werde sich ändern, befürchtet er und fordert: *Es ist der dringende, unabweisbare, heutige Beruf der Kirche, sich des Proletariats in seinem tiefsten Grunde anzunehmen.* Da die Proletarier nicht mehr in die Kirchen kommen, müssten die Kirchen in die Arbeiterviertel gehen. *Wir müssen Straßenprediger haben*, träumt Wichern, *Männer voll Glaubens, voll Mut, geschickt, beredt, brennend in Liebe zum Volk, mit Zeugnissen des Geistes und der Kraft gerüstet.* In seiner Vision mietet die Kirche inmitten der Armenviertel ein oder zwei Wohnungen *und macht sie durch die Predigt in denselben zu Kirchen.* Um den Armen das Evangelium zu predigen, wie Jesus es gefordert hat, müsse die Kirche ungewohnte Wege gehen.

Mit diesen Gedanken im Kopf fährt Wichern zum Kirchentag in die sächsische Stadt Wittenberg. In der dortigen Schlosskirche, an der Grabstätte Martin Luthers, versammeln sich mehr als 500 ehrwürdige Vertreter der deutschen Landeskirchen; sie wollen über einen Zusammenschluss zu einem Kirchenbund konferieren. Als Bedingung für seine Teilnahme hatte Wichern sich ausbedungen, dass auch das Thema „Innere Mission“ auf der Tagesordnung erscheinen müsse.

Am zweiten Tag der Tagung wird Wichern in den Rednerstand gerufen. Voller Elan schreitet er zur Kanzel. Die Revolution gehe auch auf die Schuld der Kirche zurück, die die Proletarier vernachlässigt habe, ruft er den Delegierten zu. Die sind beeindruckt von dem vierzigjährigen Theologen und gestehen ihm Redezeit zu. Darauf ist Wichern nicht vorbereitet. Aus dem Stegreif spricht er los, 75 Minuten ohne Manuskript. *Der Herr hat dabei mein Gebet erhört*, schreibt er noch am selben Abend seiner Frau. Er berichtet den erstaunten Kirchenvertretern von den Verhältnissen unter den herumziehenden Handwerkern – *wer die Orgien des Altertums kennt, kennt noch nicht, was da geschieht* –, er führt ihnen die offene Gottesfeindschaft der Arbeiter vor Augen mit einem Vers Heinrich Heines: „Fluch dem Gotte. Dem blinden, dem tauben / zu dem wir vergebens gebetet im Glauben / auf den wir vergeblich gehofft und geharrt / Er hat uns gefoppt und hat uns genarrt.“ So hart und unerträglich solche Lästereien auch seien, sie seien doch nur Folge davon, dass die Kirche die religiösen Bedürfnisse der Arbeiter nicht befriedigt, sie stattdessen allein gelassen habe, argumentiert Wichern. Das sei ein Grund der Buße und der Neubesinnung. *Eines tut Not*, ruft er der Versammlung am Ende seiner mitreißenden Rede zu: *dass die evangelische Kirche in ihrer Gesamtheit anerkenne: ‚die Arbeit der inneren Mission ist mein!‘, dass sie ein großes Siegel auf die Summe dieser Arbeit setze: Die Liebe gehört mir wie der Glaube.*

Wichern überzeugt die Anwesenden. In die Verfassung des zu gründenden Kirchenbundes soll als dessen Aufgabe aufgenommen werden: „Förderung christlich-sozialer Zwecke, Vereine und Anstalten, insbesondere der inneren

Mission." Ein riesiger Erfolg. Ein „Centralausschuss für die Innere Mission" wird ins Leben gerufen, *der als organischer Mittelpunkt in der deutschen evangelischen Kirche das jetzige und zukünftige Werk der rettenden Liebe in die Hand zu nehmen und namens der vereinten Kirchen in und außer Deutschlands weiterzuführen hat. Die protestantische Kirche wird damit, was sie in dieser Weise noch nicht gewesen ist: eine wahrhaftige Volkskirche.*

Die Denkschrift zur Inneren Mission

Wichern ist in aller Munde. Der Mann aus Hamburg hat die Kirche in heilsame Aufruhr versetzt. Er sprüht vor Ideen, die allesamt nachvollziehbar, aber schwer in die Praxis umzusetzen sind. Dennoch: möglich ist es. Wenn die geeigneten Personen die Sache energisch vorantreiben, am besten *Männer, die einen innerlich befreiten, umfassenden Blick haben und nicht durch kleinliche Rücksichten den freien, echt kirchlichen, volkstümlichen Gang der wichtigen Angelegenheit zu hemmen drohen.* Einer von ihnen ist August von Bethmann-Hollweg, ein in den Adelsstand erhobener Jura-Professor, zudem erweckter Christ. Als Präsident des Centralausschusses beauftragt er Wichern, seine Erfahrungen und seine Ratschläge in einer Denkschrift zu veröffentlichen. Es wird Wicherns längstes Werk: eine trotz oft spröder Sprache mitreißende, gleichzeitig wirklichkeitsnahe und visionäre Schrift. Ausführlich und geduldig erklärt er die Aufgaben der Inneren Mission: Ihr habe es nicht um die Heiden, sondern um die Rückgewinnung der Getauften zu gehen. Ihr Betätigungsfeld sei dort, *wo die Sünde und das Verderben epidemisch massenhaft, etwas Volksmäßiges geworden, wo ein unkirchlicher, antikirchlicher und antichristlicher Geist, die Gesetzlosigkeit die Gemeinde ergriffen und durchdrungen hat; oder wenn die Sünde und das daraus hervorgehende Elend unbeküm-*

mert über den einzelnen Gemeindeverband und unerreichbar von ihm, die örtlichen Grenzen der Gemeinden überschreitend – zu einem überflutenden Strom geworden ist.

Dass Pastoren mit der Aufgabe überfordert sind, weiß Wichern. Mit harscher Kritik überschüttet er die Kirchengemeinden, wirft ihnen *innere Erschlaffung und Verdumpfung* vor. Seine Hoffnung setzt er auf die Umsetzung des Priestertums aller Gläubigen, eine Aufgabe Martin Luthers an die Kirchen der Reformation. Auf vier Gebieten habe die Innere Mission seiner Meinung nach zu wirken.

Erstens: Auf staatlichem Gebiete habe sie gegen die Revolution zu kämpfen, denn diese sei die Wurzel allen Übels, *das allgemeine Verbrechen gegen das Ganze des Staates, woraus sich alle übrigen Verbrechen gegen Leib und Leben, materielles und geistiges Eigentum, Ehre und Sitte erzeugen.* Um die Gesellschaft vor Verbrechen zu schützen, habe sich die Innere Mission auch um die Strafgefangenen und die Entlassenen zu kümmern. Reformen im Gefängniswesen seien dringend nötig, dazu gehöre auch die Auswechslung der Gefängnisaufseher gegen christlich geschulte Gehilfen.

Zweitens seien im kirchlichen Bereich große Anstrengungen vonnöten, um alle Getauften zu erreichen. Die Gefahr, dass sie sonst durch kommunistische Propaganda vereinnahmt werden, sei groß. Die Praxis der Hausgottesdienste möchte Wichern stärken, öffentliche Bibliotheken sollen die Menschen mit guten Büchern versorgen. Noch wichtiger ist ihm: *Es muss das Evangelium wieder ‚von den Dächern' gepredigt, es muss auf den Märkten und Straßen frei angeboten und gepriesen werden, wenn die Massen anders nicht zu erreichen sind.* Reiseprediger könnten diese Aufgabe übernehmen, andernorts Hilfsprediger. Stadtmissionen schweben ihm vor, Vereine, die Bibeln und Gesangbücher verbreiten. Sonntagsschullehrer. *Wir haben Scharen von Arbeitern nötig, wenn die Kirche ein Netz Christi werden soll!*

Die dritte Aufgabe bestehe darin, dem sittlichen Verfall der Gesellschaft Einhalt zu gebieten. Die Einrichtung von „Mägdeanstalten“ beispielsweise könnte junge Frauen vor der Prostitution schützen. Gegen die *Lesesucht mit all ihren Verirrungen* könnte die Verbreitung guter Literatur helfen, gegen das Laster der Trunksucht Enthaltsamkeitsvereine ins Leben gerufen werden.

Viertens gelte es auf sozialem Gebiet, die Armut und das Elend der Menschen zu lindern. Der Wert der Familie müsse gestärkt werden. Den dem Kommunismus verfallenen Menschen könnten Alternativangebote gemacht werden. Die Einrichtung von Bildungs- und Frauenvereinen schweben Wichern vor.

Reisender für die Sache Gottes

Sämtliche Aktivitäten, größtenteils durch Vereine geleistet, sollen im Centralausschuss einen Dachverband finden. Weder herrschen noch regieren soll er, weder anordnen noch leiten, sondern von dem Ziel beseelt sein, *für diese Freiheit und Selbständigkeit der in gläubiger Liebe sich einigenden und ordnenden Arbeiter ein beredter und gewappneter Vorkämpfer werden zu dürfen. Die ganze innere Mission ist ein Dienst, und wo sie in einem anderen Geiste wirken wollte, hörte sie auf zu sein, was sie ist und sein soll.*

Mit der Denkschrift katapultiert sich Wichern ins Zentrum nicht nur der kirchlichen Öffentlichkeit. Dies war eine gleichsam fromme wie staatlich opportune Antwort auf die revolutionären Bestrebungen. Ohne die Not und das Elend der Arbeiterschaft zu verschleiern, zeigt die Denkschrift eine fromm-friedliche Alternative. Der Staat fühlt sich getragen und verstanden, die Kirche hofft, durch die Innere Mission verloren geglaubtes Terrain zurück zu gewinnen.

Der Centralausschuss wäre schlecht beraten gewesen, hätte er Wichern nicht angestellt, um die Innere Mission voranzutreiben. Als charismatischer Redner ist er ein Garant für deren Erfolg. Menschen wach zu rütteln, entweder zur Mitarbeit oder zum Griff in die Spendentasche, gehört zu seinen großen Fähigkeiten. *Habt Ihr nicht lange genug euren kleinen privaten Frieden mit Gott gemacht?*, provoziert er im vollbesetzten Saal der ehrwürdigen Hamburger Patriotischen Gesellschaft das betuchte Publikum, *habt Ihr etwa nicht gesehen, wie sich Eure Arbeiter mit ihren Weibern und Kindern in Löchern drängen? Habt Ihr nicht gemerkt, dass sie nur noch höhnisch lachen, wenn Ihr ihnen mit Gott, Staat, Vaterland und Nächstenliebe daherkommt? Habt Ihr nicht sonntags Euren Gott gelobt, dass er die Welt für Euch so schön eingerichtet hat, und den Rest der Woche habt Ihr den Gott Eures Büros, Eurer Kasse, Eures Warenlagers angebetet?* Die Zuhörer können sich diesen rhetorischen Fragen schwer entziehen. Der Hamburger Verein für Innere Mission entsteht.

In allen Teilen des Landes gewinnt Wichern Menschen für die Sache der Inneren Mission. Die Widerstände sind gering. Meist kommen sie von Pfarrern, die die Innere Mission als Konkurrenz für ihre Gemeinde missverstehen. Vorurteile, die Wichern rasch ausräumen kann.

Die Reisetätigkeit nimmt überhand. Es wäre sträflich, das Rauhe Haus ohne präsente Führung zu lassen. Wichern bestimmt einen Bruder zum „Inspektor“ und überträgt ihm die Vorsteher-Aufgaben. Konsequenterweise baut er sich und seiner Familie ein neues Haus auf angrenzendem Gelände. Für Wichern beginnt ein neues Leben. Für seine Frau Amanda nicht. Als Hausmutter übernimmt sie im Rauhen Haus nun noch mehr Verantwortung. Und kümmert sich um ihre leiblichen neun Kinder, deren Vater so oft auf Reisen ist.

Im Auftrag seiner Majestät

Achtes Kapitel

in dem wir uns staunend fragen, wieso Johann Hinrich Wichern plötzlich preußischer Staatsbeamter und gerngesehener Gast des Königs ist. Auch erhalten wir unerwartet Einblick in die unvorstellbarsten Sündenpfuhle Londons und das Leben Strafgefangener.

Als ich hierher kam, war ich in der Tat schlimmer dran, als Ihr alle gewusst habt!, schreibt Wichern Ende Juli 1851 in einem Brief. Diesmal ist er nicht auf Dienstreise, sondern im Urlaub. Adressat des Briefes ist nicht seine Frau Amanda – die ist mit ihm in das Ostseebad Haßberg gefahren –, sondern seine *geliebte Mutter.* Und die macht sich verständlicherweise Sorgen um ihren Sohn. Wichern hatte eine Art Zusammenbruch erlitten. *Ich konnte weder gehen noch fahren ohne tief dringende Schmerzen, und ein Händedruck eines Freundes schnitt mir ins Gebein.* Jahrelang war er unterwegs gewesen, nun rebellierte sein Körper. Dass er den Rat seines Arztes zu einem Kuraufenthalt beherzigt hatte, zeigt die Ernsthaftigkeit seines Leidens.

In der Ruhe des Heilbades kann er nun die sich überstürzenden Ereignisse der letzten Jahre Revue passieren lassen. Vom Initiator eines Hamburger Rettungshauses für verwahrloste Kinder war er zu einem der bekanntesten Theologen Deutschlands aufgestiegen. Überall im Lande steht nun der Name Wichern für eine bewahrende, aber moderne Kirche, die sich nicht mehr mit sich selbst und theologischen Grabenkämpfen begnügen will. Die deutsche Revolution war der Monarchie nicht wirklich zur Gefahr geworden; als König Preußens pflegt Friedrich Wilhelm IV. das Image eines toleranten, frommen Herrschers. Sozialen Reformen gegenüber zeigt er sich offen; sie umzusetzen ist er auf so loyale und tatkräftige Männer wie Johann Hinrich Wichern angewiesen. Dessen Berichte über die Zustände in dem durch Hunger, Epidemien und Aufstände geschüttelten Schlesien dienen dem König als wichtige Informationsquelle. Als formelles Oberhaupt der evangelischen Kirche weiß er zudem Wicherns frommen Patriotismus zu schätzen. In all seinen missionarischen Bemühungen geht es Wichern auch um die Rettung seines deutschen Vaterlandes, das er von mehreren Seiten bedroht sieht: von der Revolution, die für ihn ein Werk des Teufels ist, aber auch von Kriegstreiberei. *Mein Verlangen ist darauf gerichtet, dass unsere Kirche mehr und mehr eine wahre Volkskirche werde,* wünscht sich Wichern. Der christliche Glaube ist für ihn der religiöse Aspekt des deutschen Volkes, der einzige, der dem sozialen Verfall vorbeugen kann. Diesem Verständnis nach ist die Innere Mission auch ein Dienst am Volk. Wenn der Glaube wieder in jene Bevölkerungsschichten eingezogen ist, die sich – nicht zuletzt aufgrund kommunistischer Agitation – von der Kirche entfernt haben, dann wird wahrhafter Frieden *in Staat und Kirche, in Haus und Gesellschaft* einkehren.

Neben den Kommunisten macht Wichern fatalerweise auch die *heidnischen Juden und Judengenossen* mitverantwortlich für die *Verschwörung gegen den Herrn.* Er versteht darunter *die Macht der Selbstgerechtigkeit, die bei aller äußeren Gesetzlichkeit und Ehrbarkeit von Gerechtigkeit aus Gottes Gnaden nichts weiß.* In zunehmendem Alter verstärkt sich dieses antijudaistische Denken.

Nicht nur diese Verquickung von Glaube und Volk wird König Friedrich Wilhelm IV. gefallen haben, sondern auch seine Huldigung des Monarchen; vor ihm habe es keinen evangelischen Herrscher gegeben, *unter dessen Szepter das Reich Gottes zu einer solchen Macht und Tiefe herangewachsen* sei. Die Interessen des preußischen Königshofes verbinden sich mit dem Anliegen Wicherns in einer Weise, die eine noch engere Zusammenarbeit unausweichlich macht.

Doch zunächst gilt es für Johann Hinrich Wichern, sich am Kurort nahe der Ostsee von seinem Schwächeanfall zu erholen. Das fällt ihm schwer. Denn auch in der Provinz sieht er sich umgeben von der Verwahrlosung, die er bekämpfen möchte. Was er und Amanda sehen, *ist unglaublich: dies Rühmen mit der offenbaren Schande, die Auflösung der Familie, die Zuchtlosigkeit unter den Kindern, die Unwissenheit in göttlichen Dingen, der Stumpfsinn, der Bettelgeist, die Anhäufung von Elend und Armut, der stille Zorn gegen die Gutsherrschaft … Von Gottes Wort ist nun vollends keine Rede, eine Bibel nur in den seltensten Fällen im Hause, auch kein Katechismus; an Kirchengehen denkt noch viel weniger ein Mensch, man lacht darüber, dass man ihnen solches zumutet, und nun vollends die Hausandacht!* Ja, es gibt viel zu tun, wird Wichern auch am Urlaubsort überdeutlich. Die Kraft, die er in der Seeluft schöpft, braucht er für die Arbeit, die ihm bevorsteht *wie ein drei- und vierfach getürmtes Gebirge*, schreibt er seiner Mutter: *England – Elberfeld – die Gefängnisse Preußens; im Hintergrunde immer das Rauhe Haus, aber auch im Vordergrunde; dann der unterbrochene Konfirmandenunterricht meiner eigenen Kinder und viel anderes, zum Teil Schweres.*

In Londons Elendsquartieren

Kaum aus der Kur zurückgekehrt, bricht er schon wieder auf. Sein Ziel heißt London; jene Stadt, in der viele für Wichern vorbildhafte Projekte der Armenfürsorge und Mission praktiziert werden. Der deutsche Philosoph Karl Marx, Vater des „Kommunistischen Manifestes", lebt hier als Exilant; was er später in seinem Grundlagenwerk „Das Kapital" schreibt, nährt sich aus den Erfahrungen in der britischen Hauptstadt. Als Gast der Londoner „Evangelical Alliance" will und soll Wichern den Austausch zwischen der deutschen Inneren Mission und englischen Kirchen fördern. Die Wirklichkeit zu erkunden ist für Wichern jedoch reizvoller, als im Kongresssaal oder Hotel zu reden. Mit drei Gleichgesinnten zieht er sich seine schlechtesten Kleider an, lässt sein Geld im Safe und macht sich auf zur Erkundungstour in das Elendsquartier Lambeth. Was er dort sieht, *ist ärger, als was Hamburg und Berlin je in ihren nächt-*

lichen Mauern gesehen. Er kämpft sich durch *Bettler, Mohren, Krüppel, Blinde,* dazwischen *eine Menge von Weibern, alle Branntwein trinkend mit Kindern an der Hand und an den Brüsten!* Er beobachtet, wie Prostituierte Männer heranwinken. Was er noch sieht, *lässt sich nicht schildern,* schreibt er an Amanda, kann einige Tage später aber einen noch schrecklicheren Ausflug nach Ratcastle nicht verschweigen, *ein Quartier von 1 500 bis 2 000 Dieben, Schurken, nichtswürdigen Weibern, Bettlern, Mördern und Räubern.* Er sieht *Hunderte von zerlumpten Kerlen und Kindern, durch den Kot und Pfuhl der engen Straßen wie Meereswellen wogend.* Zehn Polizisten, einige zivil, einige in Uniform, begleiten ihn in einen Keller, in dem *die gefährlichsten Diebe* hausen. Die Situation droht zu eskalieren, *bis wir die gierige Wolfsherde durch Darreichung von vielerlei Geld beschwichtigten.*

In Whitechapel besucht er die deutsche Proletarierkolonie und bekommt einen Einblick in die Arbeitsbedingungen der Arbeiter: Die Fellbereiter stehen *in großen Tonnen. Hier müssen sie mit ihren Füßen die harten Kaninchenfelle gerben und zwar durch Treten, damit der Menschenschweiß das harte Fell erweichen und zu Handschuhen zubereiten kann. Pausieren dürfen sie dabei nicht.* Wichern ist empört.

Auch die Hilfseinrichtungen der Kirchen besichtigt er: Sonntagsschulen und die Stadtmission, Seemanns-Wohnheime und Magdalenenstifte für „gefallene Mädchen“, auch ein *Institut zur Erziehung junger strafentlassener Diebe, welche man beabsichtigt auswandern zu lassen.* So hoffnungsvoll diese Projekte auch sind – Wichern hält die Strategie der anglikanischen Kirche angesichts des uferlosen Elends nicht für effektiv genug. Auf einer Versammlung in der Exeter Hall schwappen ihm zwar Applaus und Bestätigungsrufe entgegen. Doch die Selbstgefälligkeit der Versammlung, die sich hauptsächlich durch Abgrenzung gegenüber dem Katholizismus definiert, erschreckt ihn.

Seinem Bild der Inneren Mission, die durch unzählige in Vereinen organisierte Hilfseinrichtungen strukturiert ist, entspricht die Lage in England gar nicht.

Durch die Erkenntnis gestärkt, widmet er sich wieder voller Kraft der Inneren Mission in den deutschen Ländern. Besonders die Zustände in den Gefängnissen rücken nun in seinen Fokus.

Im Auftrag des Königs auf Gefängnis-Tour

Strafanstalt Aachen: Unter Aufsicht zweier schwerbewaffneter Soldaten zieht ein Bergmann blutüberströmte Kleider an. Er soll dem Untersuchungsrichter vorgeführt werden, der über den Tatverdacht des Mordes an einer Frau befinden soll. Wichern beobachtet die Szene, als er das Gefängnis besichtigt. Ein paar Zellen weiter begegnet er einem *Mörder mit wild fliehendem Blick und Wesen*, der auf seine Hinrichtung wartet.

Interesse an den Verhältnissen in Strafanstalten hat Wichern schon seit seiner Studienzeit gehabt. In Berlin hatte er den Arzt Nikolaus Heinrich Julius kennen gelernt, dessen „Gefängnis-Kunde" zu einem Standardwerk der Gefängnisreform wurde. Auch der damalige Kronprinz Friedrich Wilhelm IV. gehörte zu den Verfechtern seiner Reformansätze; als dieser 1840 den Königsthron besteigt, erklärt er die Gefängnisreform zu einem seiner politischen Hauptziele. Julius macht den König auf den Hamburger Sozialreformer Johann Hinrich Wichern aufmerksam, der sich in der Rauhe-Haus-Zeitschrift „Fliegende Blätter" öffentlich Gedanken zu einer Gefängnisreform gemacht und sie zu einem Betätigungsfeld der Inneren Mission erklärt hatte. Friedrich Wilhelm IV. ist hocherfreut. Eine Reform braucht eine verlässliche Bestandsaufnahme der bestehenden Verhältnisse, am besten durch einen unabhängigen Gutachter. Genau darum bittet der Monarch Wichern und schickt ihn auf Inspektionsreisen.

Auf mehreren Reisen zwischen Rhein und Oder besichtigt Wichern Gefängnisse, Zucht- und Arresthäuser. Was er sieht und erlebt, ist niederschmetternd. Überfüllte Strafanstalten, die ohne Konzept geführt werden. Kranke neben gewalttätigen Häftlingen, rücksichtslos zusammengepfercht in kleinen, dreckigen Zellen. Das Aufsichtspersonal besteht großenteils aus unausgebildeten ehemaligen Soldaten, die mangels anderer Möglichkeiten zu dieser Tätigkeit abkommandiert wurden und denen der Umgang mit Gefangenen völlig fremd ist. Unter den Aufsehern, selbst unter den Direktoren begegnen Wichern Betrüger. Im Bonner Arresthaus sieht er eine *Husarenfrau als Oberaufseherin mit der Peitsche, unter deren Zucht sie die gefangenen Weiber zusammenhält.* Niemandem ist offensichtlich daran gelegen, dass die Strafgefangenen während ihrer Haftzeit Reue über ihre Taten entwickeln; alles ist auf möglichst sichere Verwahrung und Sühne ausgerichtet. *Diese Gefängnisse sind die größte Ironie, die der Staat gegen sich selbst aufgerichtet hat; er verhöhnt sich selbst in ihnen*, echauffiert sich Wichern. Jedes Gefängnis sei *eine Wiege neuer Verbrechen.*

Angesichts des Elends entwickelt er eine Vision, die er 1852 dem in Bremen versammelten Kirchentag mitteilt: *Der Zweck des Staates am Strafgefängnis ist die Vollstreckung der Strafe zugleich mit der Absicht, in den Gestraften die Anerkennung der Gerechtigkeit der Strafe zu erzeugen. Der Staat muss durch Mitwirkung solcher Kräfte, je mehr er ein christlicher ist, zu der Anerkennung reifen, dass er seinen Zweck ohne solches Wirken der freien, gläubigen Erbarmung nicht so wie es sein soll erreichen kann, im Bunde mit demselben um so gewisser erreichen wird.* In Wicherns Vision könnte das Gefängnis zum idealen Ort der Besinnung und der Umkehr werden. Das brächte sowohl den Straftätern als auch dem Staat Vorteile: Die Freigelassenen würden durch die vollzogene Reue keine neuen Straftaten begehen, könnten statt dessen wieder vollwertige Mitglieder des Volkes werden.

Um dies zu erreichen, müssten zwei Dinge geändert werden. Zum einen müssten fromme, geschulte Männer als Aufseher bestellt werden; zum anderen dürften die Gefangenen nicht mehr in Gemeinschaftsunterkünften, sondern müssten in Einzelzellen untergebracht werden.

Auch erkennt Wichern die Wichtigkeit der Wiedereingliederung der Entlassenen in die Gesellschaft. Hier hätte wiederum die der Inneren Mission verpflichtete Kirche eine ureigene Aufgabe zu erfüllen, indem sie beitrage *zur Wiedererlangung der bürgerlichen Ehre und des zur bürgerlichen Existenz unerlässlichen öffentlichen Vertrauens. Die Kirche würde so recht eigentlich das Asyl für die entlassenen Sträflinge, der Herr der Kirche selbst ihr Schutzherr und seine Gemeinde die Fürsprecherin der bürgerlichen Kommune.*

Wichern wird preußischer Beamter

Als Wichern die 1849 fertig gestellte Gefängnisanlage in Berlin-Moabit sieht, ist er zunächst voll des Lobes. *Wer für seine Schuld zu büßen hat, der müsste bitten, hier seine Strafen erleiden zu dürfen.* Der reformfreudige König Preußens hatte das Gefängnis nach einem Londoner Vorbild errichten lassen: Die vier strahlenförmig angelegten Gebäudetrakte bieten 508 Einzelzellen Platz. Nachdem sich Wichern ausführlich mit dem Alltag in der Haftanstalt beschäftigt hat, erkennt er jedoch, dass die guten Ideen Friedrich Wilhelms IV. nur lasch umgesetzt werden. In der fehlenden Motivation der Aufseher und dem verkrusteten preußischen Bürokratismus macht Wichern die Schuldigen aus. Als selbstständiger Sozialmanager ist er es nicht gewohnt, auf vermeintliche Sachzwänge Rücksicht zu nehmen und sich bremsen zu lassen. *Die Verbrechen sind ein Greuel und ein Abgrund, aber die Verwaltungsmaschine, die unter ihnen zermalmend und blind mit ihrem eisigkalten Räderwerk arbeitet, ist fast ein noch größerer Greuel. Und das soll eine Musteranstalt sein! Mit den Beamten wird es Krieg auf Leben und Tod geben. Ein Kompromiss mit ihnen ist kaum möglich.*

Den König auf seiner Seite wissend, bringt er dennoch eine bahnbrechende Veränderung auf den Weg. Am 5. Juli 1856 wird das gesamte Aufseherpersonal des Moabiter Gefängnisses gegen vom Rauhen Haus ausgebildete Brüder ausgetauscht. Gleichzeitig wird konsequent die Einzelhaft durchgesetzt. Die Häftlinge – allesamt protestantisch – leben in eigenen Zellen, auch der Hofgang findet in jeweils eigenen kleinen Arealen statt. Sogar in der Gefängniskirche sitzen die Gefangenen nicht Arm an Arm in den Bänken, sondern in kleinen Holzverschlägen. Wichern ist zufrieden und hofft, die Häftlinge so auf den *Weg des Heils* zu bringen. Für Friedrich Wilhelm IV. ist Moabit das Pilotprojekt, nach dem er nun Schritt für Schritt jede Haftanstalt Preußens umorganisieren will. Es gilt, die verknöcherte und reformunwillige Bürokratie von der Vorteilhaftigkeit zu überzeugen. Doch das ist ein schwieriger Prozess. Nur einem traut der König dieses zu: Johann Hinrich Wichern.

Lange dauert es nicht, bis Wichern ein offizielles Angebot des preußischen Staates erhält: Ob er denn als Beauftragter des Königs die flächendeckende Gefängnisreform leiten würde? Die Anfrage führt Wichern in ein Dilemma. Natürlich ist ihm die Reform ein Herzensanliegen, in das er bereits viel Energie investiert hat und das er am liebsten erfolgreich zu Ende bringen würde. Doch was wird dann aus dem Rauhen Haus, dessen Vorsteher er ja immer noch ist? Dazu stellt sich die Frage: Will er tatsächlich Teil der so behäbigen preußischen Beamtenbürokratie werden? Würde er dann noch genauso viel bewirken können wie in seinem jetzigen Status als freier, unabhängiger Beauftragter? Wie wichtig Wichern dem König ist, zeigt sich an den Sonderrechten, die dieser ihm einräumt. Damit er dem Rauhen Haus und seiner Familie verbunden bleiben kann, darf er, obwohl er seinen Hauptwohnsitz nach Berlin verlegen muss, im Sommerhalbjahr in Hamburg-Horn weilen. Die Stellung, die er im Beamtenapparat Preußens erhält, ist ebenfalls außergewöhnlich: Als „Vortragendem Rat für die Strafanstalten und das Armenwesen" untersteht ihm eine Abteilung, er selbst kann in großer Unabhängigkeit agieren. Wichern willigt ein. Zeitgleich beruft ihn der König zum Oberkonsistorialrat und Mitglied des Berliner Oberkirchenrates. *Oft ist mir's, als ob ich jetzt erst meine eigentliche Lebensarbeit beginnen sollte,* hatte Wichern wenige Jahre zuvor geschrieben; nun hofft er, seine missionarische Leidenschaft auf dem Gebiet des Gefängniswesens ausleben zu können.

Das Johannesstift

Keine Frage: Die Aufseher sämtlicher Gefängnisse Preußens gegen christliche Brüder auszutauschen, sprengt die Kapazitäten der Ausbildungsstätte Rauhes Haus. Der Bedarf ist groß – also muss eine zweite diakonische Lehranstalt eingerichtet werden. Berlin als Zentrum Preußens erscheint dem König wie Wichern als gebotener Standort. Am 25. April 1858 gründet er das Evangelische Johannesstift. Zahlreiche Freunde und Gönner sind in der Berliner Singakademie anwesend, als Wichern das Konzept des Stiftes beschreibt. *Das Johannesstift in Berlin wird ein Brüderhaus sein, wie ein solches im Rauhen Hause zu Horn bei Hamburg besteht. Es bezweckt, evangelische Männer jeglichen Standes in brüderlicher Liebe zu gemeinsamer Arbeit in Wort und Werk unter Armen, Kranken, Gefangenen, Kindern sowie unter der deutschen evangelischen Diaspora oder auf verwandten Arbeitsgebieten zu sammeln, zu diesem Dienst durch Schule und praktische Übung vorzubereiten, die also ausgebildeten Brüder zu entsenden und in freier evangelischer Gemeinschaft verbunden zu erhalten.* Zunächst findet der Unterricht in einer Etagenwohnung in Moabit statt; erst sechs Jahre später ist genügend Geld vorhanden, mit dem in der Nähe des Plötzensees ein dreißig Hektar großes Gelände erworben werden und der Grundstein für das Haupthaus gelegt werden kann. Es ist das erste einer dorfähnlichen Anlage, die bis zum Ende des Jahrhunderts entsteht.

Die Freude über den Beginn der Arbeit des Johannesstifts wird empfindlich gestört durch die Nachricht von einer schweren Erkrankung des Königs. Mehrere Schlaganfälle machen Friedrich Wilhelm IV. arbeitsunfähig; 1858 übernimmt sein Bruder Wilhelm I. die Regentschaft und wird drei Jahre später zum neuen preußischen König gewählt. Mit dem Monarchenwechsel dreht sich die politische Stimmung im Land, eine „neue Ära" soll beginnen. Und die hat für Wilhelm I. auch mit einer Beschneidung kirchlichen Einflusses zu tun.

Die Gefängnisreform scheitert

Keine gute Zeit also für die eben erst begonnene missionarische Gefängnisarbeit Wicherns. Die Reform ist nicht mehr so selbstverständlich wie bisher; im Gegenteil, sie wird Gegenstand heftiger Debatten im preußischen Abgeordnetenhaus. Moabit gerät in den Strudel politischer Fehden. Kritiker werfen Wicherns Brüdern in Moabit eine zu vehemente und zudem unüberprüfbare Missionsarbeit vor. Eine Schmähschrift wittert in ihnen gar eine Art protestantischen Jesuitenorden. Als „rauhe Brüder" bezeichnet der Berliner Staatsrechtler Franz von Holtzendorff die christlichen Gefängnisaufseher und redet von „erzwungenen Bet-Übungen gegenüber Wehrlosen" und radikalen „pietistischen Bekehrungsmethoden". Die steten Angriffe zeigen Wirkung in der Öffentlichkeit. Auch Wicherns Reden vor dem Parlament können die wachsende Ablehnung nicht stoppen. Im Oktober 1862 beschließt das Parlament, die bestehenden Verträge zwischen Preußens Staat und dem Rauhen Haus nicht zu verlängern. Das bedeutet: Es wird keine öffentlichen Gelder mehr für die Ausbildung von Gefängnisaufsehern des Rauhen Hauses geben; die 60 in Moabit tätigen Brüder müssen ihren Dienst beenden.

Eine herbe Niederlage für Wichern, aber nicht auf ganzer Linie. Denn die Gefängnisreform wird weitergetrieben, auch mit vielen Vorschlägen Wicherns. Zuchthausstrafen sollen verkürzt werden, die Einzelhaft behält Priorität. Auch wird die frühzeitige Haftentlassung möglich. Dass Haft nicht willkürliche Freiheitsberaubung aus Strafgründen ist, sondern eine Möglichkeit der Besserung einschließt, hat sich im Bewusstsein der Verantwortlichen eingenistet.

Am Ende dumpfes Brüten

NEUNTES KAPITEL

in dem wir traurig miterleben, wie Johann Hinrich Wichern Abschied nimmt vom irdischen Leben. Dass er es sich, seiner Familie und seinen Mitarbeitern nicht leicht macht ist keineswegs eine Charakterschwäche, sondern vielmehr Folge seiner schweren Krankheiten.

„Heinrich, Sie werden noch viel dulden müssen in der Folge um des Kreuzes willen, da wird man Sie belächeln, spotten, schimpfen und schelten; aber nur anhalten im Gebet. Je größere Schmach hier, desto größere Krone dort!" Womöglich hat Wichern an diese Prophezeiung des frommen Nachbarn aus Jugendzeiten, Schuhmacher Oswald, denken müssen, als die Wogen der Kritik hoch brandeten. Nicht nur in Berlin von Gegnern der Gefängnisreform. Auch das Rauhe Haus muss sich immer wieder durch Journalisten vorhalten lassen, es diene doch eigentlich der Eitelkeit seines Vorstehers. Die enge Zusammenarbeit mit dem evangelisch-unierten König Friedrich Wilhelm IV. wiederum hatte einige Lutheraner aufgebracht, die ihre Konfession verraten fühlten.

Dennoch: Die Menschenfischerei, die Wichern sich als Lebensziel gesetzt hatte, war erfolgreich gewesen. Unzählige Kinder waren aus der Verwahrlosung errettet und auf den rechten Weg gebracht worden; die Dienste der Brüder im In- und Ausland förderten soziale Projekte, die ohne sie nie zustande gekommen wären. Überall im Lande haben sich Vereine zur Inneren Mission gegründet und mit ihrer Arbeit begonnen.

Nach dem Scheitern seiner Impulse für die Gefängnisreform wirkt Wichern zusehends müde. 1866 erleidet er einen Schlaganfall, der seine linke Seite kurzzeitig lähmt. Der Arzt verordnet absolute Arbeitsruhe. Eine Woche später der zweite Schlaganfall. Wichern arbeitet zuhause weiter, schreibt Artikel und Briefe, arbeitet Aktenberge ab. Es scheint, als fordere sein Hochspannungs-Leben nun seinen Tribut. Das Loslassen fällt ihm schwer; ein neues Ziel steckt er sich. 1864, im Deutsch-Dänischen Krieg, hatte Wichern mit zwölf Brüdern zum ersten Mal die Felddiakonie gegründet. In Lazaretten und an der Front retteten und pflegten sie Verwundete, betreuten aber auch die

Gesunden. Drei Wochen lang blieb Wichern im Kampfgetümmel. Zum Dank zeigte sich Wilhelm I. spendabel und finanzierte dem Berliner Johannesstift ein neues Haus, die „Düppelschanze", benannt nach dem Kriegsschauplatz. Als im Sommer 1870 Frankreich Preußen den Krieg erklärt, will Wichern wieder die Felddiakonie organisieren. 360 Brüder entsendet er; auch dies ist für ihn sowohl eine Aufgabe am Nächsten als auch am Volk. *Gott will auch durch den kriegerischen Weg der Volksgeschichte die Fußstapfen der Lebensfürsten offenbaren, der die Macht und die Herrlichkeit hat, am letzten Ende alles Recht und alle Gerechtigkeit ans Licht zu bringen*, ist Wichern überzeugt. Der Krieg sei keine *Mordanstalt, wofür ihn manche in falscher Sentimentalität oder in mangelhafter Erkenntnis über Recht und Bedeutung der Obrigkeit im Leben des Volkes halten. Der Krieg verwandelt sich dann vielmehr in eine große, öffentliche Gerichtsstätte, wo in der Schlacht oder in einer Kette von Schlachten das Leben zweier oder mehrerer Völker miteinander ringt, und zwar zur Verteidigung, Gewinnung oder Bewahrung jener idealsten Lebensgüter.* Die enge Verquickung von Nation und Glaube führt Wichern in eine verherrlichende Kriegstheologie. Auch als sein Sohn Louis Anfang 1871 seinen schweren Kriegsverwundungen erliegt, bleibt er bei dieser Meinung.

Noch einmal rafft er sich auf zu einem Vortrag vor dem Centralausschuss für Innere Mission. Die Anwesenden sehen, wie ein alter Mann ans Rednerpult tritt. Seine Rede hält Wichern nicht mehr frei, sondern liest sie mühsam ab. Inhaltlich jedoch hat er nichts an Schärfe verloren, als er über „die Mitarbeit der evangelischen Kirche an den sozialen Aufgaben der Gegenwart" spricht. Den Sozialismus macht er wiederum als Feind aus, aber auch dem deutschen Adel liest er bemerkenswert deutlich die Leviten und prangert den *modernen Geld- und Börsenschwindel* an: *Die aber Geld verdienen, mögen zusehen, dass nicht der Geiz sie regiere, sondern lernen, über sich zu wachen, dass sie Geld und Gut als Darlehen betrachten lernen, das nicht ihnen, sondern ihrem Herrn und Gotte und seinem Reich gehört.*

Zurück im Rauhen Haus

In Summa bin ich im Grunde noch der alte, und das Rauhe Haus ist meine Arbeit, schreibt er in einem Brief 1872. Ein weiterer Schlaganfall hat seine Kräfte noch mehr geschwächt, ans Reisen ist nicht mehr zu denken. Sein Wunsch ist, dass er die Leitung des Rauhen Hauses wieder ganz übernehme. Selbstüberschätzung und Tatendrang gehen eine seltsame Mischung ein; mit rüden Methoden drängt er den von ihm eingesetzten Inspektor Theodor Rhiem dazu, die Leitung des Rauhen Hauses abzugeben. Ein Verhalten, das Wichern erstmals auch von Seiten vieler Brüder berechtigte Kritik einbringt.

Der preußische Hof entlässt ihn 1873 auf eigenen Wunsch aus dem Staats- und aus dem Kirchendienst. Eine lange Reise ist vorbei und endet für Wichern dort, wo er sein Lebenswerk begonnen hat. Bei allem Aktivismus sieht er seinen Zustand bisweilen auch realistisch: *In meinem Innern ist fortwährend Nacht und die Stimmung ist so trübe, dass es mir schwer wird, mich gegen meine Umgebung aufrecht zu erhalten.*

Die depressiven Stimmungen mehren sich. *Alle Menschen haben mich bereits verlassen,* klagt er wenig später – obwohl sich viele um ihn kümmern, Amanda voran. Sie müssen seine Lethargie und seine teils heftigen Zornesausbrüche ertragen. Seinen Sohn Johann hat er zum Nachfolger erkoren; im April 1873 wählt ihn der Verwaltungsrat zum neuen Vorsteher des Rauhen Hauses. 1874 folgt ein weiterer schwerer Schlaganfall und ein neuer depressiver

Schub: *Ich sehe die Spuren der Auflösung der ganzen Anstalt. Mit meiner Wirksamkeit ist's aus.* „Gehirnerweichung auf Grundlage der Aderverkalkung", lautet die Diagnose. Für Johann Hinrich Wichern bedeutet das Siechtum. Er zieht sich immer mehr in sich zurück, Schwäche und Schlaflosigkeit plagen ihn und rauben ihm die letzten Kräfte und treiben ihn in die Apathie. Große Geduld müssen die Menschen aufbringen, die ihn pflegen. Eine seiner letzten Tätigkeiten: Er beginnt, das Johannes-Evangelium abzuschreiben, sein Lieblings-Buch der Bibel.

Am 7. April 1881, um halb drei Uhr nachmittags, wird Johann Hinrich Wichern von seinem Siechtum erlöst. Er stirbt im Kreise seiner Familienangehörigen.

In dem Umschlag mit der Aufschrift „Letzte Bestimmung", den er seiner Frau vier Jahre zuvor gegeben hatte, kann sie lesen: *Wenn Gott es beschlossen hat, mich zu sich zu nehmen, so sollt Ihr, meine Lieben, wissen, dass mein einziges Gebet ist, dass ich selig werde, dass ich zu ihm komme und Frieden in Ihm finde. Ich habe mich zu Ihm immer bekannt, aber in großer Schwachheit. Er wird mir aber meine Sünden vergeben, darauf geht all meine Hoffnung um Seiner Liebe und Liebestat willen, um Seines auch für mich vergossenen Blutes willen. Er wolle mich dort mit allen, die ich lieb gehabt, vereinen.*

Der missverstandene Retter

Epilog

in dem der Biograph darüber sinniert, weshalb er allenthalben segensreiche Spuren Johann Hinrich Wicherns entdeckt, aber nur wenig Sympathie für ihn. Außerdem versucht er, Wichern sowohl vor frommer Verkitschung als auch vor dem Kreuzfeuer seiner intellektuellen Kritiker zu retten.

Mit Vorbildern und Heiligen haben es Protestanten bekanntlich schwer.

In Glaubensdingen sei Wichern viel zu schlicht, klagen Theologen. Er hätte sich eindeutiger auf die Seite der Proletarier stellen müssen, meinen Fortschrittliche. Mit seiner Erziehung habe er den Kinderseelen Fesseln angelegt, bemängeln Pädagogen. Er habe sich vom preußischen König einfangen lassen, unterstellen Demokraten. Nur Barmherzigkeit reiche nicht, Wichern hätte sich auch in die Politik einmischen müssen, kritisieren Diakoniefachleute. Seine Verquickung von Volk und Glaube habe den Fortschritt in der evangelischen Kirche lange Zeit verhindert, behaupten Historiker. Mit der Begründung der Felddiakonie habe er den Grundstein für eine unselige Kriegs-Theologie gelegt, schimpfen Friedensbewegte. Er wollte Strafgefangene ungefragt missionieren, sagen Seelsorger.

Eine Vielzahl von Vorwürfen und Anklagen muss Johann Hinrich Wichern posthum ertragen. Oft scheint es, als sei die Erfindung des Adventskranzes das einzig Gute, das Kirchenleute und Theologen von Wicherns Wirken gelten lassen. Vergessend, dass sie selbst die Messlatte, die sie Wichern anlegen, schwerlich erreichen würden. Wenige Publikationen hingegen bezeichnen Wichern sogar als „Kirchenvater"; als Begründer der heutigen Diakonie ging er in die Annalen der jüngeren Kirchengeschichte ein. Mit Recht. Dennoch: Ein beachtlicher Mangel an Kenntnis und große Vorbehalte beherrschen das Wichern-Bild der gegenwärtigen Kirchenwelt.

Wer befasst sich schon gerne mit einem Mann, der sich jedem Schubladendenken widersetzt? Dessen schriftliches Werk Tausende von Seiten umfasst, von denen aber nur wenige das Herz berühren oder den Theologen beeindrucken? Wichern zu lesen, macht Mühe. Ihn zu verstehen, noch mehr.

Vielleicht auch deshalb, weil seine Energie und visionäre Kraft schier unergründlich sind. Wer kann das schon von sich behaupten: In allem Tun und in allem Denken seinem Lebenstraum konsequent gefolgt zu sein? Seit seiner Jugend war Wichern von der Idee beseelt, Kinder aus der Verwahrlosung zu retten. Zu Lebzeiten hat er es bei einigen Hundert geschafft. Bis zur Gegenwart sind es Unzählige. Denn Wicherns Werk trägt reiche Früchte. Das „Rauhe Haus" und das Berliner Johannesstift kümmern sich bis heute in professioneller Weise um benachteiligte Kinder und Erwachsene. Neben diesen beiden großen, von Wichern selbst ins Leben gerufenen Werken ist die gesamte Kirche durchdrungen vom Keim der tatkräftigen Barmherzigkeit, den er ihr einst einpflanzte. Diakonie ist nicht nur Beiwerk, sondern eine Wesensbestimmung des heutigen Protestantismus. Und sie hat dazugelernt: Als Anwältin der Zukurzgekommenen übt sie nicht nur Barmherzigkeit, sondern mischt sich in politische Entscheidungsprozesse ein.

Der zweite Traum des Johann Hinrich Wichern ist allerdings nicht in Erfüllung gegangen: Die Innere Mission ist gescheitert. Die Säkularisierung hat sich als unaufhaltsam erwiesen; weniger Menschen als je zuvor gehören den Kirchen an oder leben als „fromme" Christen im Wichernschen Sinne. Gerade die Menschen der sozial schwachen Schichten werden von den Kirchen kaum erreicht. Auch die Verbindung von Volksgefühl und christlichem Glauben, die Wichern vertrat, hat sich als Irrweg erwiesen.

Die Kirchenlandschaft ist dennoch so bunt und abwechslungsreich wie selten zuvor. Denn Wicherns Modell, neben den behäbigen Kirchen christliche Vereine zu gründen, hat sich durchgesetzt. Mal haben sie Glauben, mal Gerechtigkeit im Fokus; allesamt folgen sie einer Vision und zeigen Mut zur ersten kleinen Tat.

Wichern sei Dank.

Bibliografie

Originaltexte

Der junge Wichern. Jugendtagebücher Johann Hinrich Wicherns, hg. v. Martin Gerhardt, Hamburg 1925

Gesammelte Schriften Dr. Johann Hinrich Wicherns, hg. v. D. Johann Wichern, Hamburg 1901–1908 (6 Bde.)

Johann Hinrich Wichern. Sämtliche Werke, hg. v. Peter Meinhold / Günter Brakelmann, Berlin/Hamburg/Hannover 1958– 1988 (10 Bde)

Biographien / Monographien

Gerhardt, Martin: Johann Hinrich Wichern. Ein Lebensbild, Hamburg 1927 ff. (3 Bde.)

Gerhardt, Martin: Johann Hinrich Wichern und die Innere Mission, hg. v. Volker Hermann, Heidelberg 2002

Martin, Hansjörg: Ein Menschenfischer. Johann Hinrich Wichern. Sein Leben, Wirken und seine Zeit, Hamburg 1981

Wehr, Gerhard: Herausforderung der Liebe. Johann Hinrich Wichern und die Innere Mission, Metzingen/Stuttgart 1983

Zu Einzelthemen

Ehlert, Thomas: Kleine Geschichte des Rauhen Hauses, Hamburg 2003

Girgensohn, Karl: Der seelische Aufbau des religiösen Erlebens, Leipzig 1921

Gohde, Jürgen / Haas, Hanns-Stephan (Hg.): Wichern erinnern – Diakonie provozieren, Hannover 1998

Grolle, Inge: An die Liebe glauben. Menschen in Geschichte und Gegenwart des Rauhen Hauses, Hamburg 1998

Hase, Hans Christoph / Meinhold, Peter (Hg.): Reform von Kirche und Gesellschaft 1848–1973. Johann Hinrich Wicherns Forderungen im Revolutionsjahr 1848 als Fragen an die Gegenwart, Stuttgart 1973
Herrmann, Volker u.a. (Hg.): Johann Hinrich Wichern – Erbe und Aufgabe. Stand und Perspektiven der Forschung, Heidelberg 2007
Kramer, Rolf: Nation und Theologie bei Johann Hinrich Wichern, Hamburg 1959
Lehmann, Dietrich: Die soziale Komponente bei Karl Marx und Johann Hinrich Wichern, Bad Liebenzell 1981
Lindmeier, Bettina: Die Pädagogik des Rauhen Hauses. Zu den Anfängen der Erziehung schwieriger Kinder bei Johann Hinrich Wichern, Bad Heilbrunn 1998
Röper, Ursula / Jüllig, Carola (Hg.): Die Macht der Nächstenliebe. Einhundertfünfzig Jahre Innere Mission und Diakonie 1848–1998, Stuttgart 2007
Shanahan, William O.: Der deutsche Protestantismus vor der sozialen Frage 1815–1871, München 1962
Wilken, Holger: … deine Liebe hat mich reich gemacht. Amanda und Johann Hinrich Wichern. Portrait einer Ehe, Hamburg 1998

Bildnachweis

S. 9: Taufstein in der Hamburger Hauptkirche St. Michaelis, an dem Wichern vermutlich getauft wurde; S. 21 Bleistiftzeichnung von Erwin Speckter (1828); S. 32: Zeichnung von Georg Hoff (1845); S. 45: Wichern (1853); S. 55: Amanda Wichern, geb. Böhme (um 1875); S. 67: Bauernkate des Rauhen Hauses, wiedererrichtet 1978; S. 84 Wichern (um 1870); S. 94: Wichern (um 1870); S. 106: Wichern (um 1875); S. 111: Gipsbüste J. H. Wichern
S. 4: Maren Kolf; S. 9, 67, 111: Kolja Warnecke; alle anderen: Archiv Rauhes Haus

Lebensdaten

1808 21. April: Geburt Johann Hinrich Wicherns als erstes Kind des vereidigten Übersetzers Johann Hinrich Wichern und dessen Frau Caroline, geb. Wittstock

1814 8. Januar: Flucht aus Hamburg nach Kuhla; Rückkehr im Juni

1818 8. März: Aufnahme an der Traditionsschule Johanneum

1823 14. August: Tod des Vaters

1825 8. Juni: Konfirmation in der Katharinenkirche Hamburg

1826 28. Januar: Beginn der Tätigkeit als Helfer in der Plunsschen Erziehungsanstalt

1828 22. Oktober: Beginn des Studiums in Göttingen

1830 31. März: Immatrikulation an der Universität Berlin

1832 6. April: Theologisches Examen in Hamburg

24. Juni: Oberlehrer an der Sonntagsschule St. Georg und Mitglied des Besuchsvereins

1833 25. Februar: Stegreifrede im Schneideramthaus; er begegnet Amanda Böhme

27. April: Syndikus Karl Sieveking stellt eine Bauernkate („Rauhes Haus") zur Verfügung

12. September: Gründungsversammlung Rauhes Haus

1. November: Einzug ins Rauhe Haus

8. November: Aufnahme der ersten Kinder

1835 29. Oktober: Heirat

1837 Der erste Erziehungsgehilfe („Bruder") zieht ins Rauhe Haus

1839 Beginn der diakonischen Ausbildung der „Brüder"

1841 19. August: Die britische christliche Wohltäterin Elizabeth Fry besucht das Rauhe Haus

1842 Druckerei des Rauhen Haus wird gegründet

5. Mai: Hamburger Brand

1844 Eröffnung der „Agentur“ des Rauhen Hauses und Begründung der „Fliegenden Blätter“

1848 März und August: Reisen nach Oberschlesien als Beauftragter des preußischen Königs
5. Mai: Der erste Bruder des Rauhen Haus wird in eine Strafanstalt gesendet
22. September: Rede während des Wittenberger Kirchentages
23. September: Gründung des „Centralausschusses für die Innere Mission der deutschen evangelischen Kirche“; Beginn ausgiebiger Reisetätigkeit
10. November: Nach einer Rede Wicherns gründet sich der „Verein für Innere Mission in Hamburg“

1849 Veröffentlichung der Denkschrift „Die Innere Mission der deutschen evangelischen Kirche“; in den kommenden Jahren viele Reisen durch Deutschland
Der erste „Stadtmissionar“ des Rauhen Hauses in Hamburg

1850 Theodor Rhiem übernimmt das Inspektorat und damit die kommissarische Leitung des Rauhen Hauses

1851 Beauftragung der preußischen Regierung für die Gefängnisreform
3. Juni: Verleihung der Doktorwürde durch die theologische Fakultät Halle
August: Reise nach London

1856 Die Brüderschaft des Rauhen Hauses übernimmt den Aufseherdienst in der Strafanstalt Berlin-Moabit

1857 Ernennung zum „Vortragenden Rat“ des preußischen Innenministeriums und zum Oberkonsistorialrat im Evangelischen Oberkirchenrat Berlin

1858 25. April: Gründung des Johannesstifts Berlin
12. Dezember: Wichern wird Präsident des „Central-Ausschusses für Innere Mission“

1860 Vier Brüder reisen als Krankenpfleger in den Nahen Osten
1861 5. August: Tod der Mutter
1864 Februar: Begründung der Felddiakonie
1866 Schlaganfall
110 Brüder gehen als Felddiakone in den Deutsch-Dänischen Krieg
1870 360 Felddiakone gehen in den Deutsch-Französischen Krieg
1871 3. Januar: Sohn Louis stirbt an Kriegsverletzungen
1872 Mai: Rückkehr ins Rauhe Haus
3. Oktober: Wicherns letzte große Rede auf dem Kirchentag in Halle
1873 Entlassung aus dem preußischen Staatsdienst
Sohn Johannes übernimmt das Vorsteher-Amt des Rauhen Hauses
Der erste Bruder wird in die Hamburger Hafenmission entsendet
1874 5. April: erneut schwerer Schlaganfall
1881 7. April: Wichern stirbt nach langem Leiden

Johann Hinrich Wichern und Amanda, geb. Böhme, hatten neun Kinder: Caroline (1836), Elisabeth (1838), Carl (1839), Sophie (1841), Heinrich (1842), Amanda (1844), Johannes (1845), Maria (1847), Louis (1848)

Johann Hinrich Wicherns Frau Amanda stirbt am 7. Mai 1888. Ihre letzten Worte sollen gewesen sein: „Heinz, jetzt komme ich!“

Zitate über Johann Hinrich Wichern

Wichern hatte keine Zeit, ein großer Theologe zu werden, weil es ihn eilte, ein guter Christ zu sein.
Theodor Heuss, Bundespräsident (1951)

Vielleicht sollte man Wicherns als eines charismatischen Führers gedenken, der das Luthertum in einem kritischen Augenblick der Weltgeschichte erneuerte.
William O. Shanahan, Historiker (1954)

Er lebte die Freiheit eines Christenmenschen, eine Freiheit, die es sich erlaubte, zu reden, wo viele schwiegen, die ihre Stimme erhob für die, die im Gerede und Gewinnstreben der Mitmenschen nicht mehr zu Wort kamen oder deren Notschrei nicht mehr durchdrang.
Ulrich Heidenreich, Vorsteher des Rauhen Hauses 1972–1995 (1997)

Eines hat uns die Diakonie immer wieder gelehrt: Religion ist eben keine Privatsache, sondern gelebter christlicher Glaube nimmt teil an der Welt und ist in der Welt. Deshalb ist das vertiefte Studium der Werke Wicherns kein Akt historischer Zuverlässigkeit und systematischer Einordnung, sondern kann auch heute noch ein Impulsgeber für eine neue Art und Zeitbestimmung sein.
Landesbischof Frank O. July (2007)

Wicherns Erneuerungsprogramm ist trotz der vielen von ihm veranlassten zukunftsträchtigen Entwicklungen letztlich gescheitert.
Heinz Schmidt, Leiter des Diakoniewissenschaftlichen Instituts an der Universität Heidelberg (2007)

Wie kein anderer Theologe seiner Zeit hat Wichern sich auf die Seite der Opfer staatlichen Versagens und kirchlicher Ignoranz gestellt. Aber keiner hat wie er die Realität der Säkularisierung ignoriert … Pragmatiker war er, kein Analytiker – Organisator, kein Intellektueller … Für ein christliches Ganzes schlug sein durch und durch gläubiges Herz. Es hat ihn zu einem rastlos-streitbaren „Christentumspolitiker" werden lassen.
Dietrich Sattler, Vorsteher des Rauhen Hauses seit 1995 (1998)

Wort und Tat, Leben und Lehre, Glaube und Handeln – für den frommen Pionier verbindliche Praxis. Wicherns Vorbild lehrt: Es gibt unter Gottes Geschöpfen keine hoffnungslosen Fälle. Wem der Himmel gewiss ist, dem darf die Erde nicht gleichgültig sein.
Peter Hahne, ZDF-Moderator und Bestsellerautor (2007)

Heute … ist es Zeit, dass wir in Wicherns Geist ein Neues wagen. Es geht darum, das Verhältnis von Kirche und Diakonie, von Diakonie und Gemeinde neu zu bestimmen.
Bischof Wolfgang Huber, Ratsvorsitzender der Evangelischen Kirche in Deutschland

Ich glaube, es ging Wichern um einen sehr emotionalen Ansatz, bei dem die Würde jedes einzelnen Menschen im Mittelpunkt steht … Die Kraft, die er brauchte, erwuchs ihm aus seinem Glauben. Er war nach heutigen Vorstellungen eher Sozialpädagoge und weniger Fachlehrer. Er wollte die sozialen und sittlichen, nicht die kognitiven Fähigkeiten der Jugendlichen ausbilden. Man könnte auch sagen: Erziehung hatte für ihn Vorrang vor Wissensbildung.
Angela Merkel, Bundeskanzlerin